Danksagung

Ich danke zuerst meiner Frau Renate, dass sie die Geduld mit mir hatte, während ich dieses, doch teilweise eher nur mit männlichem Humor zu verstehende Buch schrieb.

Dass sie es dann, neben meiner Tochter Chrissi, auch noch korrigierte, rechne ich ihr besonders hoch an. Genauso toll, wie die aktive Unterstützung bei der Bildergestaltung durch meine Tochter Josi.

Dann danke ich Henry Ford, dass er es mit der Erfindung der Fließbandfertigung, sogar jedem mittellosen Deppen ohne Benzin im Blut ermöglicht hat, Auto zu fahren.
Außerdem danke ich Enzo Ferrari und Sergio Pininfarina für ihre zeitlos schönen Ferrari Formen im letzten Jahrhundert!

Heute kommt ja leider, nicht nur aus der Autostadt Maranello, meistens nur noch Einheitsbrei an Autodesign heraus...

Bibliografische Information der Deutschen Nationalbibliothek:
Die Deutsche Nationalbibliothek verzeichnet diese Publikation in der
Deutschen Nationalbibliografie; detaillierte bibliografische Daten sind im
Internet über http://dnb.dnb.de abrufbar.

© 2018 Fred Weidemann-Gust
Umschlaggestaltung: Jan Juhnke, Kathrin Buhl
Fotozusammenstellung Mittelseiten Josephine Weidemann
Herstellung und Verlag: BoD – Books on Demand, Norderstedt
ISBN: 978-3-7460-9812-8

Vom Tretroller bis zum Ferrari

2.000.000 Kilometer in 100 Autos

Eine „Auto-Biographie"

von Fred Weidemann-Gust

Vorgeschichte

Im Jahr 2014 löse ich den Hausstand meiner Eltern auf, damit das Haus veräußert werden kann. Alles muss jetzt verschenkt, verkauft oder auf den Müll befördert werden. Dazu habe ich die eigentlich unangenehme Pflicht, bei jedem Gegenstand zu entscheiden, was mit ihm passieren soll.

Auf dem Dachboden finde ich beim Entrümpeln auch eine große Kiste mit allen möglichen Autounterlagen von meinen eigenen Autos aus meiner Jugend. Ich komme ins Träumen und stelle fest, dass ich doch schon ziemlich viele Autos besessen habe, in meiner Jugend damit auch ganz schön wilde Dinge angestellt habe und viel rumgekommen bin...
Plötzlich kommt mir eine Idee. Warum soll ich über die Autos, die Erlebnisse und die Erinnerungen damit nicht einmal ein Buch schreiben?

Gesagt, getan! Hier ist es also...

Inhaltsverzeichnis

1960 – der Anfang

Wir schreiben den 23. Dezember 1960. In Salzgitter, der eigentlich nur bei „echten" Salzgitteranern bekannten Arbeiterstadt mit den ehemaligen „Hermann Göring Stahlwerken" bei Hannover, liegt in diesem Jahr ziemlich viel Schnee und es ist saukalt da draußen.

Um 16 Uhr 23 verändert sich mein Zustand hier deshalb auch radikal... ich komme zur Welt!

Und da liege ich dann im gleißenden Licht im Krankenhaus und bin ab sofort auf mich selbst gestellt.

Plötzlich werde ich nicht mehr einfach und angenehm von Mama in deren Bauch durch die Welt getragen, sondern nun ist es, auch gefühlt, ziemlich kalt und ich muss strampeln, um mich überhaupt bewegen zu können. Wie anstrengend ist das denn...?

Es muss dringend eine Veränderung her. Denn das gefällt mir so gar nicht, einfach nur plärrend und untätig auf dem Rücken liegen zu müssen.

Ich lerne also ganz schnell krabbeln, meine Motorik funktioniert auch ziemlich gut dabei, aber wirklich zufriedenstellend ist das für mich nicht.

Ok, die nächste Entwicklungsstufe mit dem Laufen ist da ja schon ein besserer Anfang zur frühen Selbstständigkeit, nur das ich nun erst mal häufig auf die Nase falle und mir blaue Flecken hole. Zu ungestümer Bewegungsdrang, lerne ich schnell, führt direkt wieder schmerzhaft in die Waagerechte. Das finde ich dann nicht so prickelnd und ich sehe mich gezielt nach alternativen Fortbewegungsmitteln um. Doch als Baby muss man es erst einmal beim Schauen belassen, denn die blöden Erwachsenen entscheiden da noch wann man (Mann) reif für eine mechanisierte Forstbewegungsunterstützung sein soll. So ein Quatsch, befinde ich für mich, kann aber leider nichts dagegen tun als Warten und Quengeln, wie es nur kleine Kinder in wahrhafter Perfektion zu Stande bringen...

1963 – Mit Tretroller und Kindertrecker

Mein lieber Onkel Fritz, der jüngere Bruder meiner Mutter, ist von Beruf Feuerwehrmann, was mich als Kind natürlich sehr begeistert. Er hat als Erster ein Einsehen und schenkt mir im Frühjahr 1963, gerade als der Schnee weg ist und die ersten Sonnenstrahlen wieder Kraft haben, einen hölzernen Tretroller mit kleinen, „voll gummibereiften" Kullerrädern auf roten Felgen!

Jupp! Was habe ich mich gefreut! Endlich ein eigenes Fahrzeug mit dem es nun gilt, ab sofort die Welt zu erkunden.... Ganz schnell habe ich meine kurze Lederhose für draußen angezogen. Um die nötige Dankbarkeit zu zeigen, wird Onkel Fritz kurz umarmt, und dann geht es sofort raus in den Garten, um mit dem Roller schwungvoll über die Wiese zu preschen.... zumindest habe ich das voll motiviert vor. Gut geht das aber nur grad bis zu dem Rasenrand, denn dort hakt das Vorderrad hinter die Grasnarbe, der Lenker dreht sich fast komplett um die eigene Achse und ich mache einen schönen Schwan über denselben...Aua, das tut richtig weh und der Spaß an DIESEM Gerät ist mir sofort gründlich vergangen. Ich stelle ihn in die Ecke und rühre ihn auch in den Folgemonaten kaum noch einmal an.

Fortan spiele ich doch lieber wieder im Sandkasten mit meinen kleinen Gummiautos. Mit denen kann ich mir wenigstens das Selbstfahren schön gefahrlos in meiner Fantasie ausmalen.

Ich baue mit dem Sand große Straßensysteme auf unserer Terrasse und träume von Reisen auf ihnen mit meinen Spielzeugautos.

Das Onkel Fritz dann doch nochmal einen ganz entscheidenden Einfluss auf die Entwicklung meiner Autoverrücktheit haben wird, ist hier noch nicht abzusehen.

Es dauert aber zum Glück auch nicht lange, bis meine Familie ein Einsehen hat und mir noch zu Ostern in diesem Jahr, also immer noch weit vor meinem dritten Geburtstag, wieder einen Tretroller schenkt. Diesmal aber einen richtig großen blauen, mit Luftreifen versehenen Roller aus Metall. Der macht echt etwas her und ich kann auch schon grad knapp über die auf die niedrigste Stufe eingestellte Lenkstange gucken. Yippie! Jetzt kann es ja endlich richtig losgehen...! Da sind die Ostereier nun wirklich völlig uninteressant geworden und das familiäre österliche Bei-sammensein auch.

Aber erstmal geht gar nix gleich los, denn zuerst muss ich mir einen Vortrag meines Vaters, über die Vorteile des großen Radstandes dieses Rollers anhören. Danach erklärt er mir auch noch die hier verbaute Sicherheitsbegrenzung, welche die Lenkbewegung ein-schränkt. Suppi, was für ein Generve von meinem Altvorderen!

Ok, auch das geht vorbei und dann endlich den Roller in das Freie geschoben und „Saus!" Ab durch die Mitte, sprich durch unseren größenmäßig doch eher überschaubaren Garten des Reihenmittelhauses mit gerade einmal 25 Quadratmeter Rasen. Ordentlich trete ich aus und komme mit den Luftreifen auch tatsächlich gut voran über Stock und Stein.

Jetzt kann ich Mutter auch in der Folge mal zum Einkaufen in den benachbarten „Vivoladen" begleiten und den Roller dort im Fahrradständer stolz abschließen.

Aber auch, wenn das mit dem Tretroller nun schon ganz gut geht, blicke ich doch auf den Spielplätzen in unserer Wohngegend sehnsüchtig den vierrädrigen „Ketcars" und vor allem aber den roten oder grünen Kindertreckern mit Pedalen hinterher.

Ich bin schon als Junge immer mehr den schönen Formen verfallen, als der reinen Funktion. So kommt es, dass ich, obwohl ich weiß, dass ein „Ketcar" eine viel besser funktionierende „Fahrmaschine" ist, ich mich trotzdem lieber für einen schönen roten Plastiktrecker erwärme. Auch wenn dieser viel schwerer zu treten und deshalb auch langsamer ist.

Zu meinem 3. Geburtstag am 23.12.1963 ist es dann tatsächlich und endlich soweit...ich bekomme nichts! Jedenfalls nichts Großes außer ein paar Süßigkeiten und Socken und so...

Meine Eltern haben sich diesmal etwas Besonderes einfallen lassen, sagen sie, und versprechen mir, das ich morgen, also Weihnachten, dann etwas ganz Großes bekomme. Es sei so, dass der Weihnachtsmann in diesem Jahr meinen Geburtstag mit Weihnachten zusammengelegt hat, um mir so ein größeres Geschenk machen zu können!

Na prima, das heißt eben einfach noch warten auf den nächsten Tag...

Und für so einen dreijährigen Junge, wie ich das hier bin, ist das Warten noch richtig hart.

Aber auch die Zeit geht rum, und irgendwann ist auch für mich Weihnachten gekommen. Als der Tannenbaum damals noch mit echten, weißen Wachskerzen endlich brennt, „Oh-Tannebaum" vom Plattenteller dröhnt und das elektrische Licht im Wohnzimmer abgedunkelt wird, trete ich durch die Tür und da steht er...!

Ein knallroter, in Plastik nachgebildeter Porschetrecker mit Tretpedalen, lacht mich an. Ich bin echt begeistert und bedanke mich schnell beim Weihnachtsmann, oder wem auch immer, der dafür halt zuständig ist, den Trecker gebracht zu haben. Ich will dann sofort aufsteigen und losfahren.

Natürlich habe ich die Rechnung wieder einmal ohne Berücksichtigung der Einwände meines perfektionistischen Vaters gemacht...

Er erklärt mir kleinem Mann mit erhobenem Zeigefinger und strengem Blick, dass dieses Fahrzeug innerhalb des Hauses gar nicht zu bewegen sei, weil sonst die teuren Möbel beschädigt werden könnten. Zum Abschluss sagt er dann: „Wir können aber morgen einmal schauen, ob man draußen damit fahren kann...!" Damit ist für ihn das Thema erledigt, meint er, und wendet sich ab.

„Tolle Wurst", denke ich! Da ja Weihnachten auch dummerweise immer im Winter ist, und wo insbesondere 1963 auch noch richtig viel Schnee liegt und wo man deshalb mit dem netten Trecker auf nicht geräumten Wegen kaum draußen fahren kann, sind diese

Aussichten auf morgen für mich völlig inakzeptabel. Ich bekomme deshalb einen, wie ich meine, berechtigten und wie ich hoffe, auch herzzerreißenden, ganz lauten Heulkrampf.

Na bitte, geht doch! Mutter kann das nicht allzu lange ertragen und da sie das eigentliche, wenn auch inoffizielle Familienoberhaupt bei uns ist, muss mein Vater gezwungenermaßen einen Kompromiss eingehen. Ich bekomme die Erlaubnis, mit dem Trecker jetzt doch im Haus zu fahren, aber nur, solange ich nicht gegen ein Möbelstück fahre oder sonst wie anecke...!

Mein Vater glaubt, damit habe sich das Problem für ihn erledigt. Er kann sich natürlich nicht vorstellen, dass ich das als Dreijähriger lange hinbekomme. So sieht er sich vor seinem inneren Auge schon den Trecker nach kurzer Zeit konfiszieren um damit seine Ruhe zu bekommen.

Das muss doch funktionieren, denke ich mir jedoch und entwickele fortan eine große Geschicklichkeit schnellstmöglich im Haus um alle Ecken und sogar durch die Küche zu fahren. Immer bedacht darauf, durch beherztes Bremsen, knapp vor den Möbeln stehen zu bleiben und keines der „edlen Stücke" zu berühren. Es klappt auch in den nächsten Tagen sehr gut und so bleibt der Trecker im Winter ganz im Haus und mein Vater muss sich halt an das Gerumpel von den Rädern mürrisch gewöhnen.

Der Trecker ist dann auch viele Jahre mein Freund, dabei muss er ganz viel arbeiten und verschleißt natürlich auch im Laufe der Zeit. Als dann sogar das Lenkrad irgendwann abbricht, weil das Plastik hart und mürbe geworden ist, ist er eigentlich fertig und ich bin sehr traurig.

Obwohl ich ja sonst nicht so gerne bei den oft mit Wutausbrüchen verbunden Schraubarien meines Vaters im Bastelkeller weilte, bin ich ihm in dieser Situation aber doch sehr dankbar, dass ihm zu dem defekten Lenkrad etwas einfällt und er mir den Trecker repariert.

Mit einem an die Lenkstange festgekeilten Rad von einem alten Kinderwagen als Ersatz, rettet mein Vater den Trecker vor der frühzeitigen Verschrottung und so geht es dann doch noch eine Zeitlang weiter mit meinem Treckerleben.

Man glaubt es kaum, aber er bleibt mir sogar noch bis nach meiner Einschulung erhalten. Dann bekommen ihn meine mittlerweile auch herangewachsenen, kleinen Cousinen. Dort segnet ihn später endgültig das Zeitliche...

1964 bis 1969 - auf'm Absetzkipper, Autowaschen im Wald und biedere Familienfeste

Neben dem vielen Treckerfahren, schaue ich mir aber natürlich immer auch schon sehr interessiert, die richtigen Autos meiner Onkels an, besonders wenn ich einmal mitfahren darf.

Bei meinem Vater muss ich nicht nach Autos gucken. Denn er geht auch nur zu Fuß - so wie ich...

Aus Kostengründen fährt er mit einem Kollegen auf einem zweisitzigen 200er Heinkel Roller hinten drauf zur Arbeit und sonst eben Fahrrad. Erst 1969, im stolzen Alter von schon 49 Jahren, kauft er sich dann doch noch ein erstes eigenes Auto.

Es ist ein alter gebrauchter 1200er VW Käfer „Export", Baujahr 1962 in Rubinrot.

Vorher, im Mai 1967, kommt aber erst einmal wieder Onkel Fritz bei uns vorbei, um mich zu einem Ausflug in einen Tierpark abzuholen. Wegen seiner Scheidung vor einigen Monaten ist das schicke, fast neue „Karman Ghia" Coupe, dass er vorher gefahren hat, nun Geschichte. Ein alter Ford Taunus „17m P3" in himmelblau - im Volksmund auch Badewanne genannt – oder offiziell von Ford als „Auto der Vernunft" beworben - ist dafür jetzt sein aktueller, fahrbarer Untersatz.

Ich liebe dieses Auto sofort über alles. Die breite, vordere Sitzbank, die große runde Panoramafrontscheibe, die imposante Lenkradschaltung und die sänftenartige Federung haben mich schwer beeindruckt.

Ich denke von diesen Fahrten damals mit meinem Onkel im komfortablen P3, kommt zum Beispiel auch meine spätere Liebe zu dem einzigartigen Fahrwerk von Citroen „DS" und „CX"...

Onkel Fritz ist jedoch zu dieser Zeit überhaupt nicht glücklich über seinen „sozialen Abstieg" mit dem alten Taunus. Er sagt, dass dieser Wagen schon ziemlich verrostet ist, was ich überhaupt nicht sehen kann und was für meinen Onkel als gelernter Automechaniker doch eigentlich auch kein Problem darstellen sollte, oder? Er schämt sich aber offenbar aus irgendeinem Grund für den Wagen und will ihn schnellstens ersetzen, sobald er wieder etwas mehr Geld hat. Schade eigentlich, doch im Nachhinein verstehe ich, was meinen Onkel damals so reagieren ließ.

Die Familienfeste bei meinen Großeltern sind nämlich eigentlich eine, aus heutiger Sicht, bühnenreife Show gewesen, die man auch im Fernsehen als Comedy-Soap zeigen könnte.
Den ganzen Tag wird gegessen und getrunken und dazwischen meist ziemlich viel dummes Zeug erzählt.
Es beginnt mit dem Mittagessen um Punkt zwölf. Bis zu diesem Zeitpunkt müssen alle angereist sein!

Darauf legt mein Großvater sehr großen Wert. Und hier, wie auch zur Kaffeetafel um exakt vier und zum Abendbrot um sechs Uhr, holt Opa immer zuerst den Wetzstein raus und schärft jedes Messer daran einzeln. Er wetzt im wahrsten Sinn des Wortes die Messer, damit sie auch richtig scharf sind.

Sobald alle Familienmitglieder am Tisch zusammensitzen, geht es dann auch schnell zur Sache. Die Familienrunde besteht zu dieser Zeit meistens aus den Eltern meiner Mutter, ihren zwei Schwestern, deren Männern und auch Onkel Fritz - der kleine Bruder meiner Mutter. Mein anderer Onkel, Albert, auch kurz nur „Bert" gerufen, gibt meistens den Ton an. Er ist ein oft cholerischer Bayer, der zu mir aber immer nett ist, und den es nur nach Niedersachsen wegen der Arbeit verschlagen hat. Als Elektriker im hiesigen Stahlwerk, genannt „die Hütte", verdient er zur damaligen Zeit ganz gutes Geld, wie man bei uns in Salzgitter sagt. Außerdem schneidert seine Frau „rein privat" und ohne Rechnung Klamotten für die halbe Dorfgemeinde.

Das Auto ist für Bert ein reines Statussymbol. Daher fährt er zu dieser Zeit einen roten, 1965 neu gekauften und von ihm sehr gepflegten untere Mittelklasse VW „1500 S".

Das Auto wäscht er nur von Hand mit Regenwasser, weil dieses weicher ist, sagt er! Häufig und am liebsten stellt er dazu das Auto gleich direkt in den Wald und schöpft das Wasser direkt aus einem Bach.

Nur in Notfällen seift er den Wagen vor seiner Garage aus der eigens dafür aufgestellten Regentonne ein, und lässt die ganze Drecksbrühe dann einfach in die Kanalisation fließen.

Mit diesem Auto fährt er nicht zur Arbeit, sondern dahin nimmt er natürlich immer den Linienbus. Nicht um Geld zu sparen, sondern einzig und allein um das Auto zu schonen!

Den VW holt er nur an regenfreien Wochenenden regelmäßig zwischen Frühstück und Mittagessen aus der Garage, um sich reinzusetzen und dann ganz allein auf der Autobahn von Salzgitter nach Seesen bis zur dortigen Raststätte zu rasen. Dabei versucht er auf der Überholspur alles an gegnerischen Fahrzeugen zu „versägen", was irgendwie geht. Seine Schreierei im Auto dabei hört ja niemand außer ihm, was auch gut ist. An der Autobahn Ausfahrt Seesen angekommen, dreht er ohne Pause gleich um und prügelt dieselbe Strecke von circa 50 km genauso zurück wie bei der Herfahrt, um anschließend pünktlich zum Mittagessen wieder zu Hause zu sein. Nur wenn er erfolgreich alles überholt hat, was sich dummerweise zur gleichen Zeit auf der Autobahn befunden hat, hat er gute Laune, sonst eben nicht. Insbesondere nicht an dem unglücklichen Tag, als ihm bei der bescheuerten und sinnlosen Heizerei, der ja bekanntermaßen eh fragile Motor des „1500 S" um die Ohren fliegt. Er muss sich daraufhin in eine Werkstatt einschleppen lassen und dort wird ein neuer Motor eingebaut – ein teurer Spaß. Nicht aber, dass er jetzt daraus etwas gelernt hat! Nein, er schiebt den Motorschaden einzig auf schlechten Sprit.

Und auf keinen Fall hat seine Fahrweise etwas damit zu tun... Daher wechselt er als Folge lediglich seine Stammtankstelle und verändert natürlich nicht sein Fahrverhalten...

Ich habe jedoch das Vergnügen, auch unter der Woche, wenn er keine Schicht hat, von ihm abgeholt zu werden, um einfach so durch die Gegend zu heizen.

Besonders gefällt mir eine Kuppe bei Seesen auf der Landstraße, wo er mit dem „1500er" vorher richtig Gas gibt und wir dann förmlich oben drüber springen.

Oder wir klauen zusammen Runkelrüben am Feldrand für meine zwei Meerschweinchen, die ich von ihm geschenkt bekommen habe. Ich mag ihn sehr gerne.

Noch viel besser ist allerdings, dass er seinen bayrischen Alabasterkörper keinem damals üblichen Chlor in den Badeanstalten aussetzen will und deshalb nie in den öffentlichen Bädern badet. Stattdessen sucht er jede Gelegenheit, um in Baggerseen oder Teichen zu schwimmen, auch wenn ihn dabei der eine oder andere Blutegel anfällt. Als kleiner Junge freue ich mich natürlich immer, wenn er mich zu einem solchen abenteuerlichen Ausflug mitnimmt.

Ich erinnere mich noch genau an einen Baggersee, der in der Nähe der durch die „Wunderrettung" einiger Bergleute 1962 berühmt gewordenen Grube „Lengede" ist.

Dort bauen wir einmal gemeinsam, in einem stilgelegten Tagebau, ein großes Floß auf leeren Ölfässern mit rumliegenden Planken aus dem ehemaligen Bergbau. Damit haben wir viel Spaß im Wasser und beim Sonnen.

Noch mehr Spaß habe ich allerdings, wenn Onkel Bert damals auf seinen Streifzügen nach neuen Badeidyllen durch die industrialisierte Natur dieser Gegend auch alte Müllkippen entdeckt, in denen Schrottautos entsorgt werden. So liegen in Lengede am Strand eines weiteren Baggersees zum Beispiel einfach ein von der Klippe gestürzter NSU „Prinz 1" und ein Fiat „600".

In einer Laune beschließen wir die Lenkräder für mich zum Spielen abzubauen. Das vom Prinz ist leider schon gebrochen. Onkel Bert sagt deshalb, dass sich der Aufwand, es zu demontieren, nicht lohnt. Er verspricht, dafür noch ein anderes aufzutreiben. Das Fiat Lenkrad bekommen wir aber gut ab und es soll mich ab diesem Zeitpunkt in meinem Kinderzimmer durch die nächsten Jahre begleiten.
Für das NSU Lenkrad, das ich gerne gehabt hätte, bringt er tatsächlich auch bald Ersatz. In einer anderen, freien Müllkippe liegt ein Mercedes „180 Ponton" ohne Türen. Dieses Lenkrad können wir damals einfach abschrauben und mitnehmen. Was für ein Wahnsinn, dass dieses interessante Auto hier einfach vermodert ist. Die Krönung im „Lenkräderabbau" ist dann ein Magirus „Rundhauber".

Dieser LKW ist offenbar nach Fertigstellung einer Baustelle irgendwie defekt übriggeblieben und wie damals so viele Fahrzeuge, wenn sie nicht mehr gebraucht wurden, in der Gegend stehen gelassen worden. Seine Türen sind offen. Dennoch bekommen wir auch mit „schwerem Gerät", sprich einem großem „Engländer", das Lenkrad nicht ab. Schade!

Meinem Onkel bin ich für die anderen abgebauten Lenkräder jedoch ewig dankbar.

Bei den Familienfeiern im Hause meiner Großeltern tönt Onkel Bert schon bald, dass er sich als nächstes einen „großen" Ford Capri oder vielleicht sogar einen VW Porsche „914" kaufen will. Natürlich wieder ganz neu!

Ich frage mich dabei im Stillen, was so ein alter Mann - mit seinen damals knapp 40 Jahren - mit einem Auto will, das doch eher laut Werbung für Jugendliche gedacht ist? Trotz der großen Töne wird es dann später bei ihm auch nur ein züchtiger Audi „100 GL", mit gerade einmal zwei Türen und nicht mal ein fesches Audi „100 Coupe S".

Mein Onkel Fritz kann bei diesen Träumereien und den Protzereien finanziell einfach nicht mithalten und schämt sich deshalb nur weiter für seinen alten Ford „P3".

Insbesondere dann, wenn der dritte im Bunde, mein Onkel Paul, dann auch noch kräftig in das gleiche Horn stößt.

Als einfacher Lokführer auf einer kleinen Güterlok bei einer Privatbahn, sieht er sich trotzdem in Salzgitter als sehr wohlhabenden Mann. Denn mit einer „studierten Frau", nämlich einer Lehrerin, die dummerweise auch noch mehr verdient als er, haben sie zusammen schon ein hübsches Einkommen. Von ihm stammt übrigens auch der feinsinnige Spruch an seine Gattin, als diese auf einem der Feste bekundet, dass sie gern doch ein Kind bekommen würde: „Frau, was willst Du? Willste wirklich ein Kind haben oder doch lieber Wohlstand...?!"

Der Mann hat eben den Durchblick und fackelt deshalb auch nicht lange. Als ihn sein erst 1967 neu gekaufter weißer VW „1600 Stufenheck" beim Anspringen mehrfach im Stich gelassen hat, legt er sich sofort wieder ein neues Auto zu. Den VW gibt er für einen Witzpreis in Zahlung. Diesmal gibt es aber keinen, wie er sagt „popeligen VW" mehr, sondern jetzt holt er sich einen noblen weißen BMW „1800" – die sogenannte „neue Klasse". Seitdem spricht er nur noch mit vor Stolz geschwellter Brust von seinem „Blau-Weißen" und Onkel Fritz wird dabei von ihm als ganz arme Sau schief von der Seite angeschaut.

Die ist er ja irgendwie auch. Denn nach der Scheidung, bis zu seinem frühen Tod, ist er eigentlich immer hoch verschuldet und muss den Taler deshalb mindestens zweimal umdrehen, bevor er ihn für irgendetwas ausgeben kann.

Mir allerdings gibt er ganz viel fürs Leben mit, indem er mich auch regelmäßig zu Ausflügen abholt. Mal geht es in einen Tierpark, mal zu irgendwelchen Sehenswürdigkeiten. Oder er lässt mich einfach auf seinem Absetzkipper LKW mitfahren.

Als unversteuerten Nebenjob, an seinen freien Tagen bei der Feuerwehr, fährt er bei einem kleinen Kommunalspediteur, um sich ein wenig Taschengeld „schwarz" dazu zu verdienen. Ich mag ihn auch wirklich gern.

Und auch meine ersten Gehversuche später in der Lehre, als Automechaniker mache ich abends in seiner Garage, die ich mir gern unter den Nagel reiße, um nach Feierabend dort zu schweißen und zu schrauben.

Nur wenige Zeit später wird es ihm, und vor allem aber meiner Oma, die im selben Haus wohnt, doch zu viel und ich muss mich nach meiner ersten eigenen Werkstatt umsehen.

Aber so weit ist es ja noch nicht. Noch lausche ich staunend bei den Familienfeiern den Protzgesprächen, die die Männer nach mehreren Bieren und Schnäpsen zu späterer Stunde immer intensiver führen. Ich bilde mir dazu meine eigene Meinung. Für mich wird schnell klar, dass ich da meinen eigenen Weg finden muss. Denn dieses Gelaber finde ich nicht sehr imponierend und die Autos der „Angeberonkels" erst recht nicht.

Da kommt mir zur späteren autobesessenen Entwicklung ein Zufall zur Hilfe. Auf einem der regelmäßigen und von mir eigentlich so gehassten, sonntäglichen Spaziergängen mit meinen Eltern im nahen Hainberg, springe ich ein bisschen neben den Wegen durch den Wald.

Hinter einer kleinen Kuppe stutze ich kurz, denn dort steht völlig unerwartet ein alter abgemeldeter VW Bulli „T1"- ein echter „Split Window" - den wohl Waldarbeiter ausgemustert und hier nur noch als Frühstücksquartier abgestellt haben.

Damals ist es normal gewesen, nicht mehr gebrauchte Autos einfach am Wegrand stehen zu lassen und sich nicht die Mühe zu machen, sie ordentlich zu entsorgen. Auch der Polizei ist das zu dieser Zeit meistens noch völlig Wurscht, und bis sich mal ein Schrotthändler erbarmt, sie abzuholen, stehen sie einfach rum.

Der „T1" ist zu diesem Zeitpunkt noch komplett und nicht abgeschlossen. Daher kann ich die Fahrertür ohne Probleme öffnen, auf dem herrlichen, völlig verschlissenen Fahrersitz Platz nehmen und Autofahren spielen. Als ich mich umschaue, sehe ich genug Platz, um mir auch ein Bett und eine kleine Küche vorstellen zu können. Das hier ist endlich ein Auto, was mir durch und durch gefällt und zugleich nützlich erscheint – viel besser, als die Kisten meiner Onkels. So was will ich später haben!

In den folgenden Wochen kann ich mich sogar für die Sonntagsspaziergänge begeistern und bringe meine Eltern auch dazu, immer einige Zeit an dem Bulli zu verweilen, damit ich darin spielen und träumen kann. Leider gibt es auch damals schon „Autospechte" und so nimmt der Bus von Woche zu Woche an Substanz ab, bis er nahezu komplett ausgeschlachtet und dann eines Tages sogar verschwunden ist. Sehr schade und aus heutiger Sicht unverzeihlich, wie damals mit solchen Ikonen umgegangen wird!

Und umso mehr wurmt es mich heute, dass ich meinen eigenen, später erworbenen „Split Window" auch nicht retten kann.

1969 - Fahrradfahren und zu Fuß gehen

Zuerst einmal beginnt für mich aber von 1969 bis 1976 eine lange Zeit der Fußmärsche.

Nur notgedrungen benutze ich diverse Fahrräder, die ich nicht mag, deshalb einfach verschleiße und mit denen ich dennoch fahren muss. Eigentlich bin ich noch nie gerne Fahrrad gefahren, irgendwie muss ich jedoch die knapp sechs Kilometer zu meiner Schule überbrücken und Busfahren ist teuer. Häufig schimpfe ich, wenn wieder einmal das Licht nicht geht, und ich mühselig den „Kupferwurm" an meinem blöden Fahrrad suchen muss. Unsere Polizei in Salzgitter versteht nämlich insbesondere bei Kindern und Jugendlichen überhaupt keinen Spaß, wenn das Licht nicht funktioniert, und macht dann Ärger bei den Eltern.

Eine ziemlich unbefriedigende Situation für mich. Daher sehne ich schon lange vorher meinen 18. Geburtstag herbei, um endlich den Führerschein machen und dann Autofahren zu können.

Zwischenzeitlich spiele und träume ich jedoch nur mit den Lenkrädern von meinem Onkel Bert. Dabei stelle ich zwei Stühle nebeneinander und mache „Brumm, brumm", wenn ich hochkonzentriert lenke.

Auch nutze ich jede Gelegenheit - neben dem „T1" im Wald - in anderen alten, ausgemusterten und in der Gegend abgestellten Schrottfahrzeugen zu spielen.

Ein Ford „12 m" aus dem Baujahr 1964 steht mehrere Monate unverschlossen bei dem Lokal des Schäferhund Vereines, der Stammkneipe meines Onkel Fritz. Er riecht so schön nach altem Auto und hat sogar eine interessante Lenkradschaltung. Ich stelle mir vor, wenn ich da am Steuer sitze, wie ich mit ihm über die Landstraße cruise. Wenn Fritz hier „auf ein Bier geht", nimmt er mich öfter mit, ich kann dann in dem Ford so lange spielen, bis er wieder aus der Kneipe rauskommt und mich anschließend nur wenig oder auch mal mehr betrunken mit seiner Ford „Badewanne" nach Hause fährt.

Das ist zwar auch schon in den 60er Jahren des letzten Jahrhunderts nicht wirklich erlaubt gewesen, so alkoholisiert Auto zu fahren, es stellt aber für Fritz kein Problem dar. Denn er kennt damals die meisten Polizisten in unserer Stadt durch seine Rettungswagen Fahrerei persönlich und die werden ihn schon nicht kontrollieren, sagt er. Er wird auch tatsächlich nie angehalten, und so komme ich zu den Touren gerne mit, bis der abgestellte Ford auch irgendwann weg ist.

Meine Schulfreunde fangen nun schon nach ihrem 15. Geburtstag an, mit ihrem ersten Mofa durch die Gegend zu fahren. Das reizt mich jedoch eher wenig. Mit 25km/h durch die Gegend zu tuckern und für so ein neues Gefährt, das zudem kaum schneller als ein Fahrrad ist, auch noch mein emsig gespartes Geld zu verschleudern, ist nichts für mich.

Zu dieser Zeit habe ich als begeisterter Papier-Schiffsmodellbauer bereits eine gute Fingerfertigkeit erlangt. Ich bastele damit also lieber in meine Spielzeug „Wiking" VW Busse im Maßstab 1:87 schon einmal verschiedene Traum-Campingausstattungen aus Pappe in Miniatur. Dabei jongliere ich maßstabgerecht gerne mit den beschränkten Platzverhältnissen, um hier für meine späteren Campingbedürfnisse eine optimale Möblierung zu entwickeln.

Mir ist zwar klar, dass ich mir mit den hoffentlich bald erreichten achtzehn Jahren noch keinen „teuren" VW Bus leisten kann, aber Träume sind ja eigentlich auch dafür da, irgendwann einmal in die Realität umgesetzt zu werden.

1977 – 2 Gänge, 3 Gänge und kaputte Speichen

Eigentlich mehr aus Spaß - oder vielleicht auch nur, weil meine Schulfreunde den Mofa Führerschein schon gemacht haben - gebe ich mir einen Ruck, und melde mich im Frühjahr 1977 mit 16 Jahren gleich für den Führerschein „IV" für Mokick und Kleinkraftrad an.

Er ist wirklich nicht schwierig. Lediglich eine theoretische Prüfung mit ein paar Fragen muss ich ablegen und damit habe ich ihn schnell bestanden. Praktische Fahrstunden gibt es in dieser Klasse zu dem Zeitpunkt noch nicht. Ich bin ja außerdem schon 16 Jahre alt und dürfte nun eigentlich auch gleich mit so einem Fahrzeug losfahren, aber ein teures, neues Mokick bis 40km/h will ich mir nicht mehr kaufen. Und die, zu dieser Zeit besonders bei Versicherungen und Eltern berüchtigten „offenen 50er", also Kleinkrafträder mit 50ccm, ohne Geschwindigkeitsbegrenzung, reizen mich und meinen „Sparstrumpf" auch erst eher wenig. Sie haben eine schlimme Unfallstatistik und sind deshalb in der Versicherung extrem teuer.

Ich will ja eigentlich auch nur auf mein erstes, gebrauchtes Auto sparen und gar nicht mehr mit diesen wetterabhängigen Vehikeln rummachen und dafür auch noch viel Geld ausgeben...

Ja, eigentlich - wenn das Wörtchen „Wenn" nicht wäre.
Genau bis zum Herbst 1977, also noch ein gutes Jahr bis zum richtigen Autoführerschein, halte ich die Wartezeit durch.

Am 15.09.1977 komme ich dann doch einmal wieder bei einem alten Jugendfreund, der nur zwei Tage später als ich geboren wurde, in Gebhardshagen vorbei. Dieser erzählt mir nebenbei, dass er noch ein altes Moped von seinem Opa im Keller stehen hat, er selbst es aber nicht fahren und es deshalb schnell verkaufen will.

Er weiß auch nicht, ob es wirklich noch fährt, aber dafür ist es halt billig. 30 D-Mark will er dafür nur haben!

Plötzlich bin ich wie elektrisiert. Ich weiß nämlich schon, dass die alten Dinger noch nicht einmal unter die aktuelle Geschwindigkeitsbegrenzung von 40 km/h für neue Mopeds fallen und trotzdem ganz billige Versicherungen haben, einfach weil es nicht mehr so viele alte Mopeds gibt.

Also, nichts wie runter in seinen Keller und da steht es: Mein erstes Moped! Das ist mir sofort klar!

Eine etwas verstaubte, aber nicht einmal verrostete, dunkelblaue, einsitzige „Zweigang-Herkules" aus dem Baujahr 1955 mit Gepäckträger und sehr altmodisch geschwungenen Kotflügeln.

Gut, zum Angeben taugt dieses Gefährt nun wirklich nicht und zum Aufreißen von Mädchen auch nicht. Denn ihm fehlt zumindest eine Zweipersonen-Sitzbank. Dafür ist bei dem Deal aber auch schon ein alter, roter Jet Helm im Preis inbegriffen, der meine Zusatzkosten so netterweise geringhält. Also ein richtig gutes Geschäft für mich!

Schnell bezahle ich die aufgerufenen 30 D-Mark, ohne weiter zu verhandeln, und wuchte dann das für seine Größe doch erstaunlich schwere Gerät mit meinem Freund gemeinsam aus dem Keller.

Dort angekommen, drehen wir die Kerze raus, schmirgeln den Kontakt sauber und lassen den uralten Sprit ab, um diesen dem Vater meines Freundes nur noch als Reinigungsbenzin für seine Werkstatt zu überlassen. Bei der „Tanke um die Ecke" holen wir einen fünf Liter Kanister mit frischem Gemisch und gießen ihn in den Tank. Wir sind ziemlich überrascht, als dieser schon nach rund drei Litern überläuft und der Sprit großzügig in der Erde versickert. Aber das ist uns 1977 ja auch noch völlig egal, da es weder ein irgendwie geartetes Umweltbewusstsein in Deutschland gibt, noch das Dosenpfand schon erfunden ist.

Frisch aufgetankt, trete ich bei dem auf dem Hauptständer aufgebockten Moped kräftig in die Pedale und nach einigem Gewürge kommt es langsam und erst noch stotternd zum Laufen. Ich drehe ohne Versicherung und Kennzeichen eine kurze illegale Runde und stelle fest, dass es tatsächlich sogar deutlich über 40km/h nach Tacho läuft. Ich freue mich riesig darüber!
Glücklich radele ich die 10 Kilometer nach Lebenstedt abends mit meinem Fahrrad wieder heim, um mich um eine Versicherung zu kümmern und das Moped dann auf eigener Achse überführen zu können.
Nachdem ich es bei der Versicherung dann am nächsten Tag angemeldet habe (den Schultag habe ich eben einfach, wie so häufig, geschwänzt), fahre ich diesmal mit dem Linienbus nach Gebhards-hagen. Ich schraube das Kennzeichen an die Herkules und düse los.

Gut 60 km/h schafft sie und ich komme mir richtig schnell vor. Fährt wirklich prima das Teil und braucht, wie ich bald feststelle, auch wenig Sprit. Mit den gerade einmal drei Litern im Tank, komme ich ohne Probleme rund 150 Kilometer weit, und das ist für einen Schüler, der sich derzeit nur durch Nachhilfegeben finanziert, natürlich auch ein wichtiges Argument. So fahre ich die Herkules ein paar Wochen und bin erst einmal zufrieden.

An zwei Momente erinnere ich mich jedoch noch aus dieser Zeit:

Bei der ersten Situation bin ich fast zu Fall gekommen, als ich mit halsbrecherischer Höchstgeschwindigkeit - von einer zittrigen Tachonadel angezeigten 62km/h - auf einem Fußweg um unseren Salzgittersee angeprescht komme. Ich will, wie hier bei uns Jugendlichen üblich, über eine Fußgängerbrücke in voller Fahrt ohne zu bremsen einbiegen und sehe zum Glück gerade noch, dass dort ausgerechnet heute jemand ganz viel Sand ausgestreut hat. Geistesgegenwärtig fahre ich also im letzten Moment doch geradeaus in die Pampa und gerate so - mit erheblichem Schlingern und Rutschen - nur teilweise mit dem Sand in Berührung. Mit Müh' und Not komme ich irgendwann zum Stehen und mein Puls rast. Glück gehabt!

Mehr Glück jedenfalls als ein Schulfreund hat, der in der gleichen Woche mit seinem neuen orangenen Kreidler Kleinkraftrad seine Wohnstraße runter heizt, einen dort am Rand abgestellten 35 Kubikmeter fassenden Abrollcontainer übersieht und in voller Fahrt in diesen hinten reinknallt.

Er hat aber noch Glück im Unglück. Denn durch einen mehrwöchigen Krankenhausaufenthalt kann er zumindest ohne Folgeschäden wieder ganz hergestellt werden. Und er fährt auch noch bis heute begeistert Motorrad, wie ich bei unserem Klassentreffen zum 30. Jubiläum 2010 feststellen konnte.

Die zweite heikle Situation mit der „Zweigang Herkules" ergibt sich nach einem leckeren Abendessen, das ich gemeinsam mit meinem Freund David bei uns zu Hause brate.

Meine Eltern sind den ganzen Abend nicht da, weil sie zu einer Veranstaltung eingeladen sind. Wir haben also allein viel Spaß. Zuerst mit vielen Spiegeleiern auf Mettwurstbroten und ordentlich Ketchup drauf. Dazu gibt es das hier in unserer Heimat damals sehr bekannte „Wolters-Pilsener" in den üblichen „Zehnerträgern" mit pfandlosen 0,33er Flaschen. Ich denke, wir haben nach einiger Zeit beide schon deutlich mehr als die hier noch erlaubten 0,8 Promille im Blut, als uns der „Hafer sticht" und wir auf die wohl nicht so glorreiche Idee kommen, jetzt noch ein paar Runden mit der Herkules zu drehen. Erst fahre ich also um unseren Block und stelle die Maschine gekonnt wieder vor David auf den Ständer. Dann dreht er eine Runde und ist auch völlig begeistert.

Das muss ja wohl noch schneller gehen! Also steig ich wieder auf, brause davon und nehme die Kurven noch etwas hurtiger. Nach einigen Minuten bin ich wieder da und David ist erneut dran. Ich warte...

Etliche Minuten später kommt David humpelnd, im Gesicht blutend und ohne Moped zu Fuß zurück.

Er erzählt mir, dass alles bis zur zweiten Abzweigung prima lief. Dann sei aber überraschend für ihn ein Auto – na sowas auch! - von links gekommen, er erschreckte sich und versuchte, nach rechts auszuweichen. Dabei stieß er dummerweise an den dort vorhandenen Bordstein, verlor die Kontrolle über das Moped, flog rechts über den Lenker und schlug erst mit dem rechten Knie und dann mit dem Kopf auf dem angrenzenden Radweg auf. Dabei brach aus meinem alten Jet Helm, den er zum Glück auf hatte, ein im Durchmesser ungefähr 10 Zentimeter großes rotes Plastikstück raus. Man sieht nun fortan die Helmschale gelb darunter.

Der beteiligte Autofahrer will natürlich sofort helfen, doch David kann ihm mit Mühe klarmachen, dass er sich ruhig „vom Acker" machen soll. Weil Polizei können wir in unserem Zustand nun beide gar nicht brauchen, denn David will seinen Führerschein ja gern noch behalten!

Ich schleppe ihn also erst mal zu uns nach Hause, verbinde sein blutendes Knie, gebe ihm zum Blutstillen im Gesicht ein Handtuch und lasse ihn auf dem Küchenstuhl sitzen. Dann ziehe ich alleine los, um die gestrandete Herkules zu bergen.

Sie soll ja nicht noch von jemand anderem oder gar der Polizei gefunden werden.

Ich finde sie auf der Seite liegend auf dem Radweg. Auf den ersten Blick ist sie nicht großartig beschädigt.

Nur eine krumme Pedale, ein paar Schrammen und das zertrümmerte Scheinwerferglas fallen mir auf. Sie springt sogar gleich auf den ersten Tritt wieder an und ich fahre sie schnell nach Hause. Dort stelle ich sie so in die Garage, dass mein Vater die defekte Lampe nicht gleichsehen kann, wenn er sein Auto reinfährt.

Anschließend schnappe ich mir David, der immer noch im Gesicht blutet, und bringe ihn zu seiner Mutter. Auf dem Weg sprechen wir ab, dass wir niemandem etwas von der Trunkenfahrt erzählen, sondern allen ein Märchen von einem unglücklichen Treppensturz beim Bierholen auftischen. Nun, das klappt auch weitgehend und David wird mit fünf Stichen im Krankenhaus an der Augenbraue genäht.

Seine Mutter fragt uns zum Glück auch nicht allzu intensiv über die Hintergründe des Sturzes aus.

Am nächsten Tag biege ich erst einmal die Pedale mit einem Vorschlaghammer wieder gerade. Das klappt überraschend gut. Dann überlege ich intensiv, wie ich das zerstörte Scheinwerferglas ersetzen kann. Einerseits ist eine Herkules aus den 50er Jahren anno 1977 ja noch kein Oldtimer, sondern einfach ein altes Moped, um dessen Erhalt sich kaum jemand kümmert. So gibt es also auch noch keine Nachfertigungen oder Ersatzteile an jeder Ecke. Außerdem kommt dazu, dass ich als Schüler gar nicht die finanziellen Möglichkeiten habe, um dies überhaupt in Erwägung ziehen zu können.

Alternativ sehe ich mich in meinem Jugendzimmer nach allem, was durchsichtig und formbar ist um.

Nach einigem Suchen finde ich eine auf dem Schreibtisch liegende Buntstiftverpackung von der Firma „Staedler". Das Plastik ist durchscheinend, aber zugleich ziemlich labberig. Macht nichts! Vom Modellbau her bin ich ja kreatives Arbeiten gewöhnt. Ich schneide also flugs eine passende runde Scheibe zurecht und mehrere schmale Streifen aus demselben Material. Dann klebe ich diese Streifen mit „UHU" in etwa gleichem Abstand auf die Scheibe und simuliere so von weitem eine gewisse Ähnlichkeit mit einer echten Streuscheibe. Außerdem gewinne ich gleichzeitig auch etwas Stabilität. Leider passt diese Scheibe zwar in der Größe in den Scheinwerfer, aber sie lässt sich nicht im Gehäuse befestigen, da das Original ja viel dicker ist und somit die Befestigungsfedern bei meinem Nachbau nicht greifen. Dieses Problem löse ich jedoch schnell, indem ich zu meinem Freund Jörg fahre und ihn um Rat frage. Seine Eltern haben eine Tischlerei, dort kleben wir die neue Scheibe erfolgreich mit echtem Fensterkitt am Rand ein. Das funktioniert dauerhaft einwandfrei. Das Moped kommt mit ihr sogar durch einige Polizeikontrollen und fährt damit auch noch, als ich es verkaufe beim neuen Besitzer weiter, bis die Herkules aus meinem Sichtfeld verschwindet.

Obwohl das Zwei Gang Moped nach der Reparatur wieder einwandfrei fährt, habe ich aber irgendwie die Lust und den Reiz an ihm verloren.

Ich nehme die Witterung für größere und schnellere Fahrzeuge auf. Die Herkules verkaufe ich erstmal zusammen mit dem aufgeplatzten Helm an meinen Schulfreund Johannes für 180 DM, die dieser gern für das agile, zuverlässige Moped bezahlt und anschließend auch bis zum Abitur fährt. Damit habe ich mein erstes gutes Geschäft beim Weiterverkauf von Fahrzeugen gemacht.

Und schon zu diesem Zeitpunkt ist mir dabei auch klargeworden, dass mir der Gedanke sehr gefällt, wenn ich ein gebrauchtes Fahrzeug möglichst günstig einkaufe, es eine Weile selbst nutze und dann am besten mit Gewinn, zumindest aber ohne großen Verlust wiederverkaufe.

Wieso es also Menschen gibt, die Fahrzeuge neu kaufen, obwohl sie sich dabei doch schon ausrechnen können, welch großen Verlust sie nach zwei oder drei Jahren auf jeden Fall erleiden, hat sich mir nie erschlossen.

Irgendwie kann ich aber gerade genau das anscheinend den Anderen doch ganz gut vermitteln. Denn ich selbst arbeite schon seit Jahrzehnten, ziemlich erfolgreich, im Neufahrzeugvertrieb eines großen deutschen Automobilherstellers...

Nachdem die Zweigang-Herkules jetzt also erfolgreich verkauft ist, höre ich mich wieder ein wenig in meinem Bekanntenkreis um.

Der Vater meines anderen Freundes Baldo aus Fredenberg hat da auch eine alte „Dreigang-Herkules", Baujahr 1959 - sogar mit

Zweiersitzbank - seit längerem im Keller stehen. Diese fährt jedoch bestimmt nicht, da der Motor fest ist. Egal, dann ist halt ein bisschen Risiko dabei, aber dafür soll sie auch nur 20 D-Mark kosten und somit kann ich eigentlich nicht viel falsch machen. Dank der erst kürzlich eingenommenen 180 D-Mark für die andere Herkules habe ich ja ausreichend Kapital.

Gleich am nächsten Tag wecke ich die „Dreigang-Herkules" aus ihrem Kellerschlaf.

Leider ist aber nicht nur der Motor fest, sondern auch die Schaltung noch defekt, beziehungsweise muss zumindest eingestellt werden.

Zuerst einmal schiebe ich sie die sechs Kilometer von Fredenberg nach Lebenstedt zu meinem Elternhaus mühselig rüber. Dort angekommen, ist nun zu überlegen, wie man vorgeht. Zuerst sollte wohl der Motor laufen, bevor das Problem mit der Schaltung zu klären ist.

Das beherzte Reintreten in die Pedale bringt jedenfalls nichts. Der Motor sitzt einfach fest. Entweder sind die Kolbenringe nur angerostet oder es gab einmal einen Kolbenfresser. Im zweiten Fall ist der Motor aber nicht mehr so einfach zu retten, sondern wahrscheinlich Schrott.

Ich glaube einfach an das Glück und die solide Konstruktion von Herkules in den 50er Jahren. Eifrig mache ich mich an das Werk. Die Zündkerze drehe ich raus und sprühe ordentlich „MOS2" Kriechöl in das Zündkerzenloch rein.

Anschließend warte ich ein paar Stunden. Dann stecke ich einen Hartholzdorn durch das Zündkerzenloch. Zur Erklärung: Ich nehme extra Holz, da ich mit einem Metalldorn bestimmt die Zylinderlaufflächen beschädigen würde. Mit leichten Hammerschlägen auf den Dorn bearbeite ich nun den Kolben und siehe da: Nach einigen Minuten ruckt es und die Pedale fangen an, sich wieder zu bewegen. Der Kolben lässt sich tatsächlich nach unten drücken. Nach nochmaligem Einsprühen mit Schmiermittel durch das Kerzenloch warte ich wieder eine Zeit. Dann kann ich die Pedale tatsächlich langsam komplett durchdrehen.

Über Nacht lasse ich das Schmiermittel weiterwirken, dann wird frischer Sprit aufgefüllt, die Kerze wieder montiert und die ganze Chose angetreten.

Es gelingt nicht sofort. Aber nach einigem wildem Einstellen mit einem Schraubendreher am Vergaser, und obwohl ich zu dem Zeitpunkt technisch noch ziemlich ahnungslos bin, springt der Motor tatsächlich stotternd, nach langer Standzeit, nun wieder an. Er ölt und rußt natürlich zuerst stark. Aber nach einigen Minuten und weiterem Vergaserverstellen läuft er schon erstaunlich rund.

Die erste Probefahrt offenbart jedoch hinsichtlich der Schaltungseinstellung ein echtes Problem. Dieses wird sich auch trotz all meiner Bemühungen und auch der Versuche einiger Freunde, solange ich die „Dreigang-Herkules" fahre, leider nicht wirklich richtig lösen lassen.

Im Grunde geht nur der dritte Gang zuverlässig. Hin und wieder gelingt es auch einmal den zweiten zu finden, der erste befindet sich jedoch in der Zeit, in der ich die Hercules besitze, grundsätzlich im Nirwana.

Ich bin trotzdem stolz wie Oskar, fahre ich nun doch ein Moped, das zumindest ansatzweise in seiner Silhouette und Seitenoptik mit den modernen Maschinen meiner Schulkameraden konkurrieren kann. Natürlich nur, wenn man von den ausschweifenden, altertümlichen Schutzblechen und dem uneleganten Durchstieg vor der Sitzbank einmal absieht. Ich pinsele die Schutzbleche und die Rahmenseiten mit einem eleganten Rot und Schwarz und habe nun ein recht ansehnliches Moped, wie ich finde.

Technisch gesehen, geht das mit der nicht funktionierenden Schaltung eigentlich trotzdem ganz gut, solange man allein fahren will.

Lediglich etwas Schwung mit den Füßen muss man sich zum Anrollen geben und dann kann man mit leicht schleifender Kupplung erst aus niedrigen Drehzahlen...und dann langsam bis zur Höchstgeschwindigkeit von knapp 50 km/h zäh beschleunigen, zumindest bis der erste Hügel oder Berg auftaucht.

Zu den Hügeln und Bergen gibt es da eine kleine nette Geschichte, die ich nie vergessen werde und die mich auch heute noch zum Schmunzeln bringt.

Es geschieht, dass ich, schon bald nach der Wiederbelebung der „Dreigang-Herkules", die ja eigentlich eher eine „Eingang-Herkules" ist, eine Einladung zu einer Fete im 65 Kilometer entfernten Ort Springe bekomme.

Dort will mein Freund David zum Geburtstag mit seiner neuen Freundin Heidi groß feiern. Ich fahre also allein vormittags hin, wohl wissend, dass ich abends eigentlich schon wieder in Salzgitter sein muss, da ich noch mit meiner Freundin Jule verabredet bin.

Ohne Probleme komme ich auch gegen 17 Uhr an, die Fete ist schon in vollem Gange, nette andere Mädels sind auch da, und wir feiern ausgelassen. Ich diesmal aber natürlich ohne Alkohol, weil ich ja noch die ganze Strecke zurückfahren muss, obwohl mir das eine Mädel namens Regine besonders auffällt und ich wohl auch bei ihr ganz gut ankomme.

Um 20 Uhr mache ich mich trotzdem pünktlich auf den Weg zurück. Etwas traurig bin ich schon, wie ich da so wegfahren muss. Und eigentlich fühle ich auch, dass die Beziehung zu Jule von mir aus bereits vorbei ist.

Ich ärgere mich jetzt, dass ich nicht schon Schluss gemacht habe. Aber das nehme ich mir nun dringend vor für die nächsten Tage, um auch einmal wieder etwas Neues ausprobieren zu können.

Ich bin noch nicht ganz aus dem Ort rausgefahren, da gibt es plötzlich einen Schlag und die Herkules rollt nur noch aus. Der Motor nimmt zwar weiter Gas an, hat aber keinen Vortrieb mehr. Ich stelle schnell fest, dass die Kette gerissen ist.

Eigentlich kein Wunder, denn schon vorher ist mir aufgefallen, dass sie doch ziemlich stark verrostet ist. Einige Walzen haben sich trotz reichlichem Einfetten gar nicht mehr gedreht und sind deshalb von den Zahnrädern schon ziemlich stark angegriffen gewesen. Klar, dass die also reißen muss. Wie man bei diesem Zustand der Kette überhaupt losfahren kann, ist wahrscheinlich nur für einen unbedarften Sechzehnjährigen nachvollziehbar.

Diesen Abend ärgert mich das aber nicht im Geringsten, sondern ich betrachte es als Fügung und schiebe fröhlich mein Moped ins Dorf zurück, um es vor dem Haus von Heidis Eltern einfach abzustellen.

Ich klingele und Heidi öffnet mir die Haustür. Mit Begeisterung werde ich wiederaufgenommen. Später kann ich hier sogar übernachten, um dann am nächsten Tag mit ein paar Kumpels nach einer heilen Moped Kette zu schauen.

Die Fete ist noch im vollen Gange. Vom Plattenteller dröhnt grad Supertramp, Regine ist auch noch da und sehr erfreut mich so schnell wiederzusehen...

Der Abend ist lang und ich habe danach eine neue Freundin, mit der ich jetzt „gehe"...Denn so sagt man zu dieser Zeit in Salzgitter.

Peinlicher Weise kriegt das Jule schon während der Fete von einer der anderen „Freundinnen" telefonisch gepetzt und somit ist praktischerweise auch schon Schluss mit ihr, bevor ich überhaupt in Lebenstedt zurück bin.

Die Reparatur am nächsten Tag erweist sich als unkompliziert. Einer der Jungs von der Fete organisiert eine neue Kette bei einem Landmaschinenschlosser. Wieso der noch so ein atypisches, kleines Ding als Trecker Schrauber in seiner Werkstatt liegen hat, weiß nur der Geier. Wir ziehen sie gemeinsam auf meine Herkules und ich kann ohne Probleme wieder zurück nach Salzgitter fahren.

In meinem Alter und ohne Smartphones etc., ist eine Fern-beziehung aber natürlich damals noch schwerer zu ertragen als in späteren Lebensjahren. Und so einfach sind 65 Kilometer ja auch nicht zu überwinden...

Einige Tage später treffe ich meinen Freund David wieder einmal am Nachmittag. Wir sind da beide nicht glücklich, unsere Freundinnen in Springe frühestens in drei Wochen in den kommenden Herbstferien wiedersehen zu können. Denn dann erst plant Davids Vater eine Dienstreise dorthin und wir können beide mitfahren.

Aber wieso eigentlich solange warten? Ich habe doch ein fesches Moped, mit dem ich schon einmal bewiesen habe, nach Springe fahren zu können!

Ok, zu zweit fährt es nicht ganz unproblematisch an, aber wenn es erst einmal läuft, ist doch eigentlich alles easy. David ist von der Idee auch gleich begeistert und so überlegen wir, wann wir nun die Zeit finden, schnellstmöglich gemeinsam nach Springe zu reisen.

Na, und so entscheidungsfreudig wie junge Leute eben sind, beschließen wir, dies gleich am nächsten Tag in die Tat umzusetzen. Da haben wir auch nur zwei Stunden Deutsch, die eh stinklangweilig sind, und irgendwelche andere Nebenfächer, die auch nicht ins Gewicht fallen.

Wir machen also in der Schule „blau", treffen uns stattdessen schon morgens um acht Uhr pünktlich verschwörerisch an unserem Kiosk. In dicke Parkas gehüllt und mit Schals um den Hals gebunden, um der mittlerweile schneidigen Kälte zu trotzen, steigen wir auf das Moped.

Frohen Mutes fahren wir los. Leider erweist sich die Herkules mit uns beiden sogar auf fast ebener Strecke als ziemlich träge, daher kommen wir auch im besten Fall selten über eine Höchstgeschwindigkeit von 30km/h. Trotzdem läuft es weitgehend gut und wir haben nach knapp eineinhalb Stunden auch schon fast die Hälfte der Entfernung zu unserem Ziel zurückgelegt.

Bei Tages-Kilometerstand 30 erreichen wir die Stadt Hildesheim, wo wir eine kleine Frühstückspause einlegen. Dann starten wir zu den restlichen rund 35 Kilometern.

Bald zeigt sich, dass es zunehmend bergiger wird. Der zweite Gang der Herkules ist wieder einmal nicht zu finden. Im dritten schafft das Moped es jedoch nicht, die Hügel mit uns beiden auf der Sitzbank zu erklimmen. Der Motor dreht immer langsamer, dann geht er einfach aus. Jetzt ist guter Rat teuer. Entweder geben wir unseren Plan auf und drehen um, oder uns muss etwas einfallen.

Das mit dem Aufgeben gefällt keinem von uns beiden! Es bleibt dann ja eigentlich nur die Möglichkeit, mit dem Moped allein die Hügel zu erklimmen. Aber wie kommt der zweite Mann dann hinterher? Na, wir sind doch in dem Alter noch ganz sportlich, also muss es auch zu Fuß gehen.

Wir probieren es einfach aus. Der eine von uns springt ab, wenn die Herkules nicht mehr will. Dann läuft er so schnell wie er kann den Hügel hinauf. Der andere fährt - gezwungenermaßen ohnehin langsam mangels Leistung - hinterher, bis der Läufer vor Erschöpfung keine Puste mehr hat und stehen bleibt. Sobald der Fahrer den Läufer erreicht, kommt es zum fliegenden Fahrerwechsel und der andere von uns läuft los. Das klappt prima und schon nach weiteren zweieinhalb Stunden kommen wir so ziemlich abgekämpft in Springe gegen 12 Uhr mittags an. Wir haben also insgesamt 4 Stunden für die 65 Kilometer gebraucht und können daher nur rund eine halbe Stunde bei unseren Mädels bleiben, bevor wir wieder zurückmüssen, um nicht zu einer völlig unglaubwürdigen Zeit bei unseren Eltern aufzuschlagen, die uns ja eigentlich in der Schule vermuten.

Für den Rückweg brauchen wir mit der gleichen Fahr- und Laufweise in etwa auch wieder vier Stunden. Der einzige Unterschied besteht darin, dass es da, wo es auf dem Hinweg bergauf, nun bergab geht. Dies ist für den jeweiligen Läufer jedoch kaum als schöne Landschaft wahrnehmbar, vielmehr nur ein anderer Hügel, den es zu erklimmen gilt.

Unser gesamtes Laufpensum an diesem Tag ist aus meiner heutigen Sicht jedenfalls enorm. Kaputt, aber glücklich falle ich deshalb abends nur noch ins Bett, ohne den Eltern zu erklären, warum ich so fertig bin. Das sind doch Erfahrungen, die ich wirklich im Leben nicht vergessen und missen möchte!

Und auch, wenn mir die Herkules noch so treue Dienste leistet, werde ich nach kurzer Zeit doch schon wieder unruhig und sehne mich nach Veränderungen in meinem Fuhrpark.

Außerdem wurmt es mich ohnehin auch langsam, mit dieser antiken und eigentlich echt mies laufenden Maschine durch die Gegend mehr schlecht als recht fahren zu müssen.

Kurz darauf habe ich vernommen, dass mein Schulfreund Alf eines seiner zwei Yamaha Kleinkrafträder „RD 50" für nur 400 D-Mark verkaufen will. Das ist schon ziemlich günstig und mittlerweile bin ich auf so einen schicken, rasanten Donnerbolzen auch ziemlich scharf. Außerdem preist Alf, der heute Gebrauchtwagenhändler ist, die Maschine auch in den höchsten Tönen an.

Sie liefe tadellos, zudem hätte er sie sogar von Getrennt- auf Gesamtschmierung „umgebaut", damit noch weniger Verschleißteile dran wären, säuselt er. Nur beim Hinterrad müssten noch ein paar Speichen getauscht werden, aber das sei ja nur eine Kleinigkeit, sagt er im Nebensatz - ein echter Gebrauchtfahrzeugverkäufer halt schon damals...

Ich will diese Maschine jetzt einfach haben! Das Geld für die Yamaha habe ich auch schon. Nur, wie mache ich das meinen Eltern klar, die ganz entschiedene Motorradgegner sind, dass sie die Maschine erstens tolerieren und mir zweitens vor allem auch noch etwas zu der sehr teuren, aber notwendigen Haftpflichtversicherung dazugeben?

Mit viel Geschick und Gerede gelingt es mir irgendwann tatsächlich, ihre Zustimmung zu ergattern.

Bei dieser Gelegenheit lege ich wohl auch rhetorisch den Grundstein für meine spätere Bestimmung im Vertrieb.

Mit Elan argumentiere ich, dass ich durch das Kleinkraftrad doch so schon einmal für das kommende Auto die Schadenfreiheitsklasse für die Versicherung in günstigere Tarifbereiche fahren könnte.

Außerdem spreche ich die aktive Sicherheit an. Ich erkläre meinen Eltern, dass ich mit der Yamaha durch ihr mögliches Beschleunigungspotential den Gefahren einfach davon fahren kann, also ein gehöriges Polster aktiver Sicherheit besitze.

Während ich mit der Herkules durch die geringe Geschwindigkeit für alle Verkehrsteilnehmer größtenteils nur ein Verkehrshindernis darstelle, was dann von den Anderen schnell und gefährlich eng überholt werden muss...

Meine Eltern glauben mir nach zähem Ringen diesen ganzen Unfug irgendwann.

Das Beste dabei ist aber, dass sie nicht nur klein beigeben, sondern mir auch tatsächlich noch ihre Unterstützung bei der Versicherung zusagen. Jupp, gewonnen! Noch am selben Tag sage ich Alf zu und fahre die Maschine erst anschließend Probe.

Eine schwarze Yamaha „RD50" mit den goldenen Streifen und den echten, von Alf selbst gemalten, japanischen Schriftzeichen am Tank sieht echt totschick aus, finde ich. Gut, die Blinker gehen nicht und aus dem Auspuff raucht es etwas mehr, als es wohl soll.

Außerdem stelle ich bei der Probefahrt fest, dass sie kaum über 70km/h läuft. Bei einem Kleinkraftrad müssten aber eigentlich mindestens 105-110km/h drin sein. Der Vorbesitzer Alf meint dazu nur: „Die muss sich nach dem Umbau auf Gesamtschmierung halt noch einfahren...!" Soso. Ich glaube ihm das blauäugig, verhandele aber trotzdem nochmal hart nach, und schlage vor, dass ich ihm auch die Herkules in Zahlung gebe. Er ist einverstanden und wir einigen uns am 15. März 1978 auf nur noch 312 D-Mark für die Yamaha, wenn ich ihm zusätzlich mein altes Moped überlasse.

Ich denke, das sei wieder ein gutes Geschäft, auch wenn Alf die Yamaha bei der Übergabe dann doch nochmal auf 330 D-Mark wieder hochhandelt, weil er mir plötzlich noch 15 neue Speichen unaufgefordert dazugibt. Immerhin habe ich so umgerechnet noch 70 D-Mark für die Herkules bekommen, die ich ja selbst gerade einmal für nur 20 D-Mark gekauft habe.

Am nächsten Morgen fahre ich stolz mit dem „neuen" Bike zur Schule. Ich komme jedoch nicht weit. Denn schon nach kurzer Zeit stoppt mich die Polizei. Wie ich von den Polizisten erfahre, kennen sie diese Maschine von Alf schon ganz genau, weil sie nie verkehrssicher ist. Ich bekomme wegen der nicht funktionierenden Blinker gleich erst einmal eine Strafe aufgebrummt. Ärgerlich, denn ich hätte sie doch einfach nur abbauen müssen. Es gibt nämlich keine Vorschrift, Blinker am Moped oder Motorrad zu montieren. Nur wenn sie dran sind, müssen sie auch funktionieren.

Ich zahle wutschnaubend die Strafe und überlege kurz, was nun zu tun ist.

Am nächsten Tag gehe ich die Sache richtig und gründlich an. Die Polizei jedenfalls soll die Maschine nicht mehr erkennen können, denn auf diese dauernde Kontrolliererei habe ich keinen Bock. Ich demontiere den Tank und die Seitenteile. Im Anschluss schleife ich alles ab. Dann lackiere ich die Teile in rot-metallic und bin mir nun sicher, dass mich die Polizei nicht gleich wieder erwischt.

Die Blinker baue ich ab. Das ebenfalls defekte Bremslicht kann ich leider nicht einfach auch abbauen. Ein Bremslicht am Kraftrad muss dran sein und auch funktionieren. Zu meinem Unmut finde ich diesen Fehler jedoch nicht selbst.

Ich fahre also zum ortsansässigen Yamaha Vertragshändler. Stolz stelle ich meine Neuerwerbung vor und schildere das Problem.

Im ersten Moment entgegnet der Chef mir lachend, dass das Reparieren des Bremslichtes für ihn ganz einfach sei. Gemeinsam wollen wir einmal nach der Maschine schauen.

Wie wir so beide vor der jetzt rot-metallic-farbigen Yamaha stehen und fachsimpeln, zuckt der Händler plötzlich zusammen und meint nach einem genaueren Blick auf die Räder und den Motor: „Nein! Du hast doch nicht etwa die alte Maschine von Alf gekauft?! An der mache ich nicht einen Handschlag! Die ist ja völlig verbastelt! Der Typ ist doch krank, was der mit seiner Yamaha angestellt hat!"
Dann weist er mich vom Hof.

Da stehe ich also nun mit meiner Kunst, ohne funktionierendes Bremslicht und langsam wird mir klar, dass das vielleicht doch nicht das beste Geschäft ist, das ich hier mit diesem Kleinkraftrad gemacht habe.

Es kommt, wie es kommen muss: In den nächsten Tagen brechen dann auch immer wieder einzelne Speichen nacheinander und ich fürchte schon, dass das ganze Hinterrad bald zusammenbricht. Immer mehr Speichen muss ich ersetzen, sogar noch welche dazu kaufen! Nachher sind es in Summe über 40 Stück. Ich versuche das Hinterrad mit den neuen Speichen immer wieder irgendwie zu zentrieren, aber ich kriege es einfach nicht hin, die bestehende „Acht" da richtig rauszuziehen. Am Ende hilft dann nur noch der Kauf eines teuren, neuen, kompletten Hinterrades, womit zumindest der ständige Speichenbruch erfolgreich geheilt werden kann.

Aber mein Portemonnaie leidet, weil die Yamaha es durch ihre Unterhaltskosten ständig leert.

Die Polizei erkennt mittlerweile zu allem Überfluss auch die jetzt rote Yamaha und macht sich offenbar einen Spaß daraus, mich ständig an allen möglichen Orten zu kontrollieren. Leider auch meist erfolgreich, denn irgendwas funktioniert an dem Teil immer nicht.

Das ist alles in allem sehr ärgerlich und mit den Strafmandaten auch ziemlich teuer. Dazu kommen die ganzen Investitionen, die durch die dauernden Reparaturen, welche ständig nebenbei anfallen, in dieses marode Kleinkraftrad fließen. Ich versenke in Summe allein an Ersatzteilen in ein paar Monaten 555 D-Mark! Damit ist das für mich gar kein gewinnbringendes Geschäft mehr. Trotzdem lasse ich mich nicht unterkriegen.

Im Sommer 1978 plane ich mit meinem Freund Jörg, der jetzt schon 18 Jahre alt ist und eine rote MV Agusta „350SS" mit 27 PS fährt, und mit David, der kein Fahrzeug besitzt, wieder einmal eine Woche Ferien in Springe, um diesmal auf einem Acker zu zelten. Das Zelt und die Lebensmittel bringt Hektor, der Bruder von Jörg, rechtzeitig mit seinem von ihm orange lackierten Renault „R4 Kastenwagen F4" „Fourgounette" rüber, sodass wir nur mit den Mopeds hinfahren müssen.

Jörg nimmt David hinten drauf und ich fahre solo mit der „RD 50" los.

Das klappt am Anfang auch ganz gut, bis es kurz vor Bockenem anfängt zu regnen. Wie so häufig, mag meine Yamaha das gar nicht und bekommt zunehmend Zündaussetzer. Wir halten an, um behelfsmäßig Plastiktüten um die Unterzüge zu kleben, damit das Spritzwasser vom Motor möglichst weit ferngehalten wird. Das funktioniert zuerst einmal zufriedenstellend und wir kommen bis Hildesheim voran. Dort gibt die „RD 50" dann ganz auf und muss von Hektor im „R4" abgeholt werden.

Trotz all der Bastelei kriege ich die Yamaha in den folgenden Wochen immer nur zeitweise zum Laufen und mehr als 70km/h schnell fährt sie auch trotz aller Tuningversuche nicht. Außerdem bleibt sie, sobald es Regen gibt, mit ihren Zündaussetzern jetzt regelmäßig liegen. Und dafür zahle ich die horrenden Versicherungskosten für ein „schnelles" Kleinkraftrad. Ich verliere bald vollständig das Interesse an ihr und stelle sie im Herbst 1978 abgemeldet in Vaters Garage. Später verkaufe ich sie nebenbei in Einzelteilen. Der Verlust an diesem Geschäft schmerzt mich erheblich. Zum Glück habe ich durch Konfirmationsgeschenke und jetzt auch durch Nachhilfeverdienste aber schon wieder ein gewisses Kapitalpolster angehäuft, sodass ich handlungsfähig bleibe.

1978 - NSU Prinz, VW Split Window und andere Schrauber Anfänge

Mittlerweile ist es auch wieder einmal November und endlich steht mein 18. Geburtstag jetzt greifbar nah vor der Tür. Es wird also Zeit, sich um den Führerschein „drei" zu kümmern, um rechtzeitig am Geburtstag auch legal Autofahren zu dürfen. Außerdem kann ich vielleicht ja auch parallel schon einmal „unverbindlich" nach einem Auto suchen...

Die Anmeldung zum Führerschein ist schnell erfolgt. Weil die Kombination der beiden Führerscheine Auto und Motorrad deutlich billiger ist, als sie einzeln zu machen, melde ich mich gleichzeitig für den Führerschein „drei" Auto und den Führerschein „eins – Motorrad" an.

Ich habe zwar, vor allem nach den Erfahrungen mit der Yamaha, überhaupt keine Lust mehr, in den nächsten Jahren ein Zweirad, insbesondere bei Regen, zu bewegen, aber weil ich mir auch gerne die Option offenhalten möchte, möglichst alles fahren zu können, was sich so ergibt, muss auch der „Einser" her.

Mein Fahrschulwagen ist ein giftgrüner und, wie ich finde, ätzend zu fahrender Opel „Kadett C", der eine extrem hakelige Schaltung und übelriechende Heizung hat. Ich bin froh, als die Fahrstunden mit ihm herum sind und ich diesen Mist nicht mehr fahren muss.

Nur als Kundenfahrzeuge in meiner privaten Werkstatt kommen sie mir hinterher immer mal wieder unter - die „Kadett C" - und da finde ich sie dann auch sogar ganz solide. Nur selbst besitzen, möchte ich so ein Teil bestimmt nicht mehr. Fortan mache ich bei meinen Autos auch instinktiv immer einen Bogen um die Angebote der Firma Opel.

Parallel zu den Fahrstunden lese ich nebenbei intensiv unseren ortsansässigen Kleinanzeigenteil der Tageszeitung. Dazu diskutiere ich mit Freunden und Verwandten über das passende Mobil für einen Fahranfänger wie mich. Selbstverständlich soll es in der Anschaffung, aber auch im Unterhalt, günstig sein. Ein fürs erste von mir ins Auge gefasstes Audi „100 Coupé S" ist da wahrscheinlich nicht die beste Wahl, wegen der hohen PS-Zahl von 115 und der deshalb teuren Versicherung für einen Fahranfänger. Aber auch der Argumentation von meinem Onkel Paul, der mir einen VW „1600L" mit nur 54 PS, natürlich als Limousine, empfiehlt, kann ich nicht folgen. Er sagt: „weil man bei einem Kombi gleicher Herkunft und gleichen Typs sonst so viel mehr waschen müsste...!" - das finde ich absurd. Ob ein Auto nun ein durchgezogenes Dach als Kombi hat oder einen Kofferraum als Limousine besitzt, ist doch egal. Bei der zu waschenden Fläche kommen beim Kombi höchstens noch die hinteren Seitenscheiben dazu. Das kann ja nun nicht die Welt ausmachen, finde ich. Auch die ganzen angegebenen Argumente der Anderen machen meine Entscheidung nicht einfacher. Am liebsten hätte ich schon einen VW Bus, aber dafür reicht mein Geld zurzeit weder zur Anschaffung noch zum Unterhalt. Das glaubte ich damals zumindest. Wie sich später herausstellt, ein Irrglaube, aber soweit bin ich noch nicht.

Die meisten meiner gleichaltrigen Freunde und Bekannten fahren im bodenständigen Salzgitter entweder VW „Käfer" oder Opel „Kadett B". Das sind in meinen Augen beides sehr biedere Kutschen, denen ich nicht viel abgewinnen kann. Der Käfer ist außerdem noch luftgekühlt und hat nach dem profunden Wissen der Familie deshalb eine miese Heizung. Nach reiflicher Überlegung entscheide ich mich daher für einen doch schon etwas selteneren NSU „1000 C". Leider ist er ebenfalls luftgekühlt und mit nur 40 PS auch eher überschaubar motorisiert, aber eben günstig im Unterhalt und trotzdem sportlich in der Optik, weil er ja die „TT" Gene hat. Die Farbe des „1000 C" heißt hochtrabend „Champagner", was aber in Wirklichkeit ein ziemlich einfallsloses Beige ist. Heute wird so eine Farbe maximal als Grundierung verkauft, zu dem Zeitpunkt gilt sie jedoch noch als chic.

Das Auto wird vom Verkäufer persönlich vorbeigebracht. Mein extra angereister Onkel Fritz, der ja selbst Automechaniker ist, fährt den Wagen Probe und befindet ihn für gut. Ich handele noch die vom Verkäufer inserierten 800 D-Mark „knallhart" auf 750 runter. So habe ich also kurzerhand mein erstes eigenes Auto gekauft.

Schon am nächsten Tag geht es zur Zulassungsstelle und ich melde den NSU dort auf meinen Namen um, obwohl ich ja eigentlich noch gar keinen Führerschein dafür habe und ihn deshalb gar nicht fahren darf. Aber ich denke mir, dass ja jeder Tag bei der schon laufenden Versicherung mit diesem doch recht günstigen Auto zählt, um von der teuren Schadenfreiheitsklasse „SF2" runterzukommen, damit ich mir dann bald auch deutlich stärkere Autos leisten kann.

Der NSU „1000 C" steht ab jetzt angemeldet in der Auffahrt vor unserem Reihenmittelhaus, wo später noch ganz viele Autos in verschiedenen Verfallstadien stehen sollen.

Nun warten der „Prinz" und ich aber erst einmal darauf, dass ich in wenigen Wochen den Führerschein bestehe und ab dem 23.12.1978 planmäßig endlich selbst fahren kann!

Die theoretische Prüfung Ende November ist ein Klacks und voller Elan widme ich mich anschließend der folgenden Praktischen. Leider nur, um mit einer grandiosen Vorfahrtsverletzung bei dieser Prüfung Anfang Dezember prompt durchzufallen. Gut, das kann ja jedem einmal passieren, aber dieses Mal kommt es ausgerechnet für mich richtig dicke. Erstens habe ich zwei Wochen Sperre, bis ich die nächste Prüfung machen kann, also nicht vor Mitte Dezember - theoretisch. Aber es kommt noch schlimmer. Schon in der ersten der beiden für mich gesperrten Dezemberwochen fällt in diesem

Jahr in Salzgitter richtig viel Schnee, der dann sogar bis Ostern dauerhaft und in hohen Schneebergen liegen bleibt.

Das bedeutet somit auch bis nach Ostern 1979 ist es unmöglich, irgendwie Motorrad zu fahren. Da ich aber den Führerschein „eins" und „drei" kombiniert habe, kann ich jetzt nicht einzeln nur den fürs Auto machen, sondern muss beide praktische Prüfungen zusammen ablegen. Also, erst Auto, dann Motorrad am gleichen Tag. Ich warte händeringend auf Wetterbesserung und schaue abends traurig auf meinen verschneiten NSU im Vorgarten, welcher da jetzt seit Monaten angemeldet auf mich wartet.

Ich denke jeder, der dieses Buch liest und ebenfalls so autobesessen ist wie ich, kann an dieser Stelle hier nachvollziehen, wie heiß ich jetzt aufs Fahren bin. Als ich endlich nach über vier Monaten quälender Wartezeit diesen begehrten Lappen Ende März in Händen halte kann ich es kaum erwarten, den restlichen Schnee endlich wegzuschaufeln und den lange schon angemeldeten NSU rückwärts aus der Einfahrt zu fahren.

Gleich geht es zu meinem Freund Baldo, mit dem ich sofort noch nachmittags eine Spritztour mache.

Ich schalte den NSU dabei so, wie ich es von der Fußschaltung meiner Yamaha her gewohnt bin. Kupplung kurz antasten, Gang reinschmeißen und Kupplung springen lassen - mit dem Ergebnis, dass ich einen rausgerissenen Schalthebel nach kürzester Zeit in der Hand halte.

Ich mache erst ein dummes Gesicht und fahre dann vorsichtig im verbliebenen ersten Gang zu mir nach Hause, um Werkzeug aus dem Keller zu holen und den Schalthebel recht umständlich wieder einbauen zu können. Abends geht es dann gleich erneut auf die Piste.

In vielen Spielfilmen habe ich ja gesehen, wie man driftet und gekonnt schleudert. Zum Glück liegt dafür noch etwas Schnee und so kann ich auf dem weitgehend geräumten, benachbarten Seeparkplatz dieses sportliche Fahren gleich ausprobieren. Das mit der Handbremse ziehen und im selben Atemzug Lenkung einschlagen und Gas geben sieht ja im Film immer sehr einfach aus. Ich als Fahranfänger krieg es aber gar nicht hin und lande gleich beim ersten Drift frontal mit der Schnauze des NSU im, wie ich zunächst meine, weichen Schneehaufen. Der ist aber gar nicht so weich, wie ich beim Aussteigen feststelle. Die vordere Stoßstange hat durch den Aufprall doch ganz gut „was abbekommen". Mit dem Resultat, dass sie jetzt deutlich verbogen ist. Vielleicht sollte ich doch in Zukunft ein bisschen vorsichtiger fahren...

Egal. Nächsten Morgen geht es zur Schule. Endlich muss ich nicht mehr bei Freunden mitfahren, sondern kann nun selber David und Johannes, meinen beiden Mitschülern, eine Mitfahrgelegenheit anbieten.

Es ist immer noch etwas glatt an einigen Stellen der Straße, aber das lässt mich nicht verzagen und ich bin eigentlich auch überzeugt, vorsichtig loszufahren.

Bis zur Ecke bei der Hauptstraße komme ich auch ganz gut und so habe ich schon mehr Sicherheit, als ich den NSU zügig beschleunige, um dann auf eine Gabelung am Salzgittersee zufahre, die von einer schönen Verkehrsinsel mit einer großen Laterne und einem beleuchteten Richtungspfeil gekrönt wird.

Irgendwie ist da bergab doch noch ganz schön viel Eis. Denn ich habe den NSU plötzlich gar nicht mehr unter Kontrolle. Erst rutscht er so, dass er mit dem linken Hinterteil die Laterne touchiert und dann putzt er mit dem vorderen linken Scheinwerfer gleich das ganze, beleuchtete Verkehrsschild weg - nicht ohne dabei vorher noch eine kräftige „Kaltverformung" zu kassieren. Als der Wagen steht, sehe ich, dass der linke Scheinwerfer und auch der vordere Kotflügel komplett zerstört sind, während das linke hintere Seitenteil nur einen Streifschaden abbekommen hat. Die vordere Stoßstange hat sich noch etwas weiter verformt, kann aber noch verwendet werden.

Den Scheinwerfer bekomme ich schon für kleines Geld auf dem Schrottplatz. Den verschweißten Kotflügel muss ich auf Anraten meines Onkel Fritz jedoch neu bei Audi bestellen, weil NSU ja längst von Audi übernommen wurde. Insgesamt vier Wochen muss ich auf seine Lieferung warten. Ich will zwar lieber einen alten auf dem Schrottplatz günstig heraustrennen, aber da weigert sich Onkel Fritz, „so ein Gelump" einzuschweißen. Also heißt es warten und dann auch noch über 100 D-Mark für einen neuen Kotflügel blechen, was mich tierisch nervt.

In der Zwischenzeit will ich natürlich auch fahren, daher mache ich mich schon nachmittags am Unfalltag an das notdürftige Ausbeulen des Kotflügels. Das klappt nur mittelmäßig, sodass ich auch noch die Blechschere benutzen muss und am Ende bleiben eher zerrissene Kotflügelteile über. Mit der Bohrmaschine mache ich ein paar Löcher in die abstehenden Blechreste und binde diese dann mit Schweißdrahtresten zusammen. Das Ergebnis kann sich sogar ganz gut sehen lassen, wenn man nicht zu dicht dran steht. Mit der matschigen, zusammengeklammerten Ecke fahre ich die folgenden vier Wochen durch die Gegend, bis endlich der neue Kotflügel da ist und mein Onkel Fritz sich nun gnädiger Weise bereit erklärt, ihn am nächsten Wochenende, Samstag den 31. März 1979, in seiner Garage in Hallendorf gemeinsam mit meinem Großvater herauszutrennen und „neu" autogen einzuschweißen.

Das Resultat ist alles in allem dann doch lediglich semioptimal. Nicht nur, dass mein Onkel die Spaltmaße nicht besonders gut hinbekommt und durch das Autogenschweißen auch einiges an Wärmeverzug produziert, nein, insbesondere die folgende, und im Vergleich zum restlichen Lack viel zu helle Pinsellackierung des Kotflügels mit dem champagnerfarbenen Kunstharzlack gefällt mir gar nicht. Warum muss ich da extra auf seinen Wunsch hin für 103,50 D-Mark einen neuen Kotflügel kaufen, wenn das Ergebnis so aussieht?! Außerdem nimmt er für den Mist auch noch 200 D-Mark Arbeitslohn. Ich schwöre mir, dass ich in Zukunft auch Schweißen lerne, damit ich so etwas beim nächsten Mal selbst richten kann.

Einfach einen alten Kotflügel auf dem Schrottplatz großzügig heraustrennen und irgendwie am Auto anbringen, kann doch nicht so schwer sein. Schlechter kann das Ergebnis dann auch nicht aussehen als so wie jetzt. Aber viel, viel billiger wäre es dann und das gefällt mir!

Egal, im Moment ist es halt anders gelaufen. Dauerhaft ärgern, lohnt da nicht, sondern der Blick geht nach vorn. Zuerst einmal verschönere ich den NSU jetzt einfach, indem ich den Adler von der Rückseite eines Fünf Markstücks so weit vergrößere, dass ich ihn auf schwarze „DC-Fix" Folie übertragen und ihn dann fast einen Meter breit auf den vorderen Kofferraumdeckel kleben kann. Das sieht doch schon besser aus, finde ich, und es kaschiert auch ein bisschen den von meinem Onkel so verhunzten Kotflügel an der linken Seite. Jetzt, da der NSU wieder komplett ist, kann man ja eigentlich auch wieder etwas mit ihm unternehmen. Pfingsten 1979 steht vor der Tür und damit hat am verlängerten Wochenende auch mein Freund Baldo frei, der schon eine Lehre als Hüttenfacharbeiter macht und nicht mehr wie ich jederzeit unter der Woche problemlos die Schule schwänzen kann. Wir beschließen am Donnerstag einfach mal nach Paris zu fahren. Gesagt, getan. Wir rechnen uns die Kilometer aus und den voraussichtlichen Spritverbrauch. Für das benötigte Benzin legen wir das entsprechende Geld gemeinsam beiseite. Dann kaufen wir einige „10er Träger" „Wolters Pilsener", um die anschließenden vier Tage keine weiteren Kosten zu haben.

An etwas zu essen oder auch nur an simples Mineralwasser denken wir natürlich nicht. Das wird uns noch leidtun...

Dafür haben wir gehört, dass das Benzin in Frankreich viel teurer ist als in Deutschland. Also nehmen wir auch zwei große 20 Liter Spritkanister mit, um diese nochmal in Deutschland vor der französischen Grenze vollzutanken und in Frankreich dann möglichst gar nicht tanken zu müssen.

Freitag morgens geht es los. Wir kommen zügig voran. Die beiden Kanister haben wir jedoch blödsinnigerweise schon in Salzgitter gleich beim ersten Tanken mit vollgemacht und im vorderen Kofferraum verstaut. Nun haben wir das Problem, dass während der ganzen Strecke über die Lüftung Spritdämpfe in den Innenraum reinziehen, was bei uns heftige Kopfschmerzen verursacht. Auf die Idee, einfach beim nächsten Tanken oder einer Rast die Dinger in den Tank zu leeren und dann erst vor der französischen Grenze wieder neu zu befüllen, kommen wir nicht. Also quälen wir uns halt mit Kopfschmerzen stundenlang über die Autobahn.

Endlich an der französischen Grenze angekommen, fällt uns dann zu allem Überfluss plötzlich auf, dass wir doch vergessen haben, nochmal in Deutschland vollzutanken und so stehen wir nun mit nahezu ganz leerem Tank bei der Kontrolle. Natürlich hätten wir auch wissen müssen, dass der deutsche Bundesadler auf der Haube den französischen Zoll zu dieser Zeit 1979 noch etwas mehr provoziert, als vielleicht heute.

Aber wir sind halt jung, unbedarft und wohl auch ziemlich eingebildet. So ist es auch nicht verwunderlich, dass der Grenzbeamte uns sofort herauswinkt, um unser Auto zu filzen.

Er ist sichtlich erfreut, wie ich seiner Mimik entnehme, gleich auf Anhieb unter der vorderen Haube vermeintlich fündig zu werden.

„Ah, oui, dass hier mit den vollen Spritkanistern geht natürlich gar nicht! Entweder zahlt ihr jetzt einen Haufen Zoll für das Benzin in den zwei Kanistern, oder…" und dabei grinst er breit, frech und siegesgewiss… „Ihr lasst den Sprit einfach hier bei mir!"

„Tja, Herr Zöllner, was wäre, wenn der Sprit in unserem Tank wäre?" frage ich scheinheilig.

„Dann wäre er natürlich nicht zollpflichtig, aber ist er ja nicht!"

„Dann werden wir ihn mal nicht zollpflichtig machen! Baldo, los reinschütten!"

Der Zöllner guckt immer grimmiger, bis wir die ganzen 40 Liter wirklich in den NSU Tank umgefüllt haben und lässt uns dann, wenn auch griesgrämig und ein kräftiges „merde" rufend, doch einfach passieren.

Paris ist interessant. Wir können damals noch direkt neben dem Eiffelturm in der Seitenstraße umsonst parken und lernen dort auch zwei nette Mädels aus Mülheim an der Ruhr in ihrem alten, gelbgrün lackierten VW Bus Kastenwagen kennen. Dumm ist nur, dass wir ja keinen Essensetat eingeplant haben und uns so die drei Tage in Paris ausschließlich von Bier ernähren müssen.

Wenn einer von uns Hunger kriegt, trinkt er halt ein Bier. Eigentlich nett von der Vorstellung her, aber spätestens am Ende des zweiten Tages wünschen wir uns beide ein einfaches Mineralwasser mit Sprudel. Plötzlich ist sogar ein simples Leitungswasser aus dem Hahn eines Waschbeckens des öffentlichen WC ein Genuss.

Pfingstmontag geht es dann hurtig zurück. Denn Baldo muss schon am Dienstag arbeiten und ich sollte mich ja auch einmal wieder in der Schule blicken lassen, um mein Abitur nicht komplett zu versieben.

Es läuft gut und der NSU auch. Wir wollen die ganze Strecke ohne Pause durchfahren. Regelmäßig machen wir einen Fahrerwechsel und der andere döst dann vor sich hin. Kurz vor Mittag übernehme ich wieder. Die Karte hat uns direkt durch Essen geführt, weil dies der kürzeste Weg zu sein scheint.

Ich bin gerade dabei, ein kleines Meilenrennen mit einem ziemlich neuen Porsche „924" auszutragen. Von Ampel zu Ampel geht das immer mit Vollgas beim Anfahren. Natürlich ist der Porsche mit seinen 125 PS gegenüber meinen lediglich 40 PS grundsätzlich im Vorteil. Aber durch schnellere Reaktionen beim Start und das Durchtreten des Gaspedals bis zum Bodenblech und darüber hinaus, komme ich doch immer wieder die ersten Meter besser weg, bis er mich dann wieder eingeholt hat.

Plötzlich passiert es. Die nächste Ampel springt schon auf Gelb um, als der Porsche gerade vor mir auf der rechten Fahrspur zum Stehen gekommen ist.

Ich gebe sofort Vollgas und ziehe links an ihm vorbei direkt auf die Kreuzung zu, während ein „B-Kadett" von rechts kommend eine ähnliche Aktion auf seiner Ampelseite durchführt. Er ist schon fast vor mir quer vorbeigeschossen, da erwische ich ihn doch noch schön mit meiner Schnauze am linken hinteren Seitenteil frontal und bringe ihn ins Kreiseln.

Der NSU ist nun vorne komplett Matsche und ich bin ziemlich geschockt. An den wirklichen Sachverhalt, der zu diesem Unfall geführt hat, erinnere ich mich erst Jahre später wieder. Ich habe ein komplettes Blackout und mein Beifahrer hat zum Zeitpunkt des Unfalls geschlafen, sodass er erst durch den Crash wieder aufgewacht ist.

Vor Gericht habe ich später das Glück, dass die Beifahrerin des Kadetts aussagt, sie sei selbst überrascht gewesen, die Ampelfolgen diesmal erstmalig so geschafft zu haben.

Der Richter folgert anhand der Ampelschaltungen dann auch zu Recht, dass der Kadett mit über 100km/h durch die Stadt gerast sein muss, diese Ampel aber trotzdem nicht bei Grün überquert haben kann. Ich werde also freigesprochen und bin mächtig erleichtert. Nochmal Glück gehabt!

Erst einmal leihe ich mir jedoch an der Unfallstelle, direkt nachdem die Polizei wieder weg ist, eine Brechstange von einem Trucker und biege den linken Kotflügel und dessen Radkasten so auseinander, dass der Reifen wieder freikommt.

Die hoch gebogene, verbeulte Haube fixiere ich mit einem Spanngurt. Zusätzlich schraube ich das überraschend noch heil gebliebene Reserverad an. Es war beim Crash direkt hinter der vorderen Front verzurrt. Dann fahre ich vorsichtig und nur noch am Tag, denn von den Lampen geht ausschließlich das rechte Standlicht, den nun schrottreifen NSU nach Hause. Da dieser mit der hoch gebogenen Haube jetzt einen „CW- Wert" wie ein Kleiderschrank hat, verbrauche ich das Doppelte an Sprit, was er normalerweise benötigt, und das kostet wirklich nochmal richtig Geld. Das ist dann die weitere Bestrafung für diesen jugendlichen Übermut für mich gewesen. Was für ein sinnloses Rennen, das dazu geführt hat...

Nach der für mich also doch noch gut ausgegangenen Gerichtsverhandlung in Köln einige Wochen später, bin ich zu Hause in Salzgitter sehr erleichtert wieder angekommen und überlege, wie das mit mir und meinen Autos nun weitergehen soll.

Wobei, ein Auto habe ich zwischenzeitlich gar nicht mehr. Denn den NSU habe ich einige Tage später zum Ausschlachten an einen Bastler für 150 D-Mark verkauft. Leider hat dieser den Schrottwagen nicht einfach abgeholt, sondern braucht nur den Motor. Also versucht er ihn bei uns direkt auszubauen.

Da er von solch einer Aktion aber noch weniger Ahnung als ich zu diesem Zeitpunkt hat, geht er dieses Ziel ohne Kran oder Flaschenzug in unserer Garage an.

Er vergisst dabei auch noch, das Motoröl abzulassen. Als er nun, nachdem alle Befestigungen gelöst sind, probiert den Block mit angeflanschtem Getriebe und meiner tatkräftigen Hilfe, schräg aus dem Motorraum heraus zu ziehen, passiert ein Missgeschick. Der Plan misslingt gründlich und der schwere Brocken verklemmt sich. Irgendwie würgen der Bastler und ich den Motor dann nach einigen Versuchen doch aus dem Motorraum raus, jedoch erst, nachdem wir noch einige Teile wahllos abgebaut haben, um Platz zu schaffen. Literweise fließt nun das Motoröl dabei direkt in unsere Garage. Im Anschluss schmeißen wir den verdreckten und verölten Motor einfach in den Kofferraum des Ford „17m" des Käufers. Ich glaube nicht, dass er diese zerfledderte Maschine jemals wieder zum Laufen gebracht hat, und habe auch nichts mehr von ihm gehört.

Die riesige Ölsauerei bleibt jedoch in unserer Garage. Man kann durch die schwarze Pampe aus Öl, rumliegenden gebrauchten Ersatzteilen und Dreck nur noch mit Gummistiefeln waten.

Ich finde das zwar nicht schön, habe aber mit meinen jungen Jahren auch keine Idee, was man dagegen tun kann. Es bleibt an meiner Mutter hängen, die die Initiative ergreift.

Sie verbraucht in den nächsten Tagen, ohne zu murren, mehrere 50 Liter Säcke Sägespäne, bis sie die Garage wieder halbwegs in einen Normalzustand versetzt hat. Ich habe damals mit 18 Jahren für so etwas einfach keinen Blick und hätte die Schweinerei wahrscheinlich jahrelang so gelassen.

Den Rest des NSU lässt der Käufer auch einfach vor der verdreckten Garage stehen, sodass meine Mutter den auch noch in den nächsten Tagen vom Schrotthändler abholen lassen muss.

Ich denke in den folgenden Tagen auch viel über mich und die Welt nach. Irgendwie fühle ich mich doch schon etwas geläutert. Ich komme zu dem Schluss, dass ich so wirklich nicht auf diese Art weitermachen kann. Mir wird klar, dass ich, wenn ich mit dem Autofahren weiterhin so umgehe wie bisher, mir entweder bald den Hals abfahre, kein Geld mehr für ein anderes Auto habe oder den Führerschein ganz schnell verlieren werde.

Nun, nur der letzte Punkt belastet mich dabei echt und ich überlege, was ich ändern kann. Auf jeden Fall muss meine hektische Raserei aufhören. Ich sollte zu meinen ursprünglichen Tugenden zurückfinden. Dazu gehört in erster Linie, das Auto nun wieder mehr als Freizeitgegenstand zu betrachten, mit dem ich meinen Freiheits-drang gut ausleben und vor allem auch darin übernachten kann. Wie schnell so ein Fahrzeug fährt, ist dabei dann auch völlig unerheblich und ich kann endlich vom Image des Bruchpiloten wegkommen!

1979 – Ford Taunus Turnier – viel Auto fürs Geld

Ich wälze alle meine gesammelten Autokataloge der letzten Jahre, prüfe und vergleiche die technischen Daten der in Deutschland erhältlichen Fahrzeuge. Besonders schaue ich diejenigen an, die schon im bezahlbaren Fahrzeugalter für mein Kapital sind.

Als Ergebnis bekomme ich heraus, dass für mich zu dieser Zeit ein Ford „Taunus Turnier" mit 1300 ccm und 55 PS das optimale Auto ist. Er kann hinsichtlich Größe zum Übernachten, Verbrauch und Versicherungseinstufung am besten punkten. Ein echter „Knudsen" schon, aber mit der am kleinsten erhältlichen Maschine aus Kostengründen. Der Ford Werbespruch „Viel Auto für wenig Geld!" wird in der nächsten Zeit auch mein Leitspruch.

Nur, wo bekomme ich einen solchen Ford her und zwar ein Exemplar zu einem akzeptablen Preis?

Das Internet gibt es im April 1979 noch nicht und in den mir zugänglichen Tageszeitungen und Wochenblättchen ist derzeit keiner inseriert. Bei den Händlern in der Umgebung sind sie viel zu teuer. Ich denke kurz nach, dann packe ich ein paar Zettel und einen Stift ein und mache einfach nachmittags einen großen Spaziergang durch mein Heimatstädtchen auf der Suche nach dem, von mir gesuchten Traumauto. Ich werde tatsächlich gleich mehrfach fündig. Zuerst finde ich einen braun-metallicfarbenen, ziemlich heruntergekommenen „Taunus Kombi" 1300 in der Sparversion von 1972, mit auch schon einigem Rost um die Kotflügel herum.

Der könnte mir trotz seines Zustandes schon gut gefallen und dem Rost kann man ja auch zu Leibe rücken. Ich schreibe einen Zettel mit dem Spruch „Ich interessiere mich für Ihr Auto, bitte rufen Sie mich an", meinen Namen und die Telefonnummer meiner Eltern drauf und stecke ihn zusammengefaltet unter den Scheibenwischer. Dann gehe ich weiter. Auf einem anderen Parkplatz bei einem beigefarbenen „Taunus", auch im eher schlechten Zustand, verfahre ich genauso und zuletzt finde ich noch einen jüngeren, froschgrünen „1300 L", Modelljahr 74, also schon der mit Plastikgrill, in ziemlich gutem Zustand. Obwohl ich jetzt durch die letzte Ferienarbeit in einer Kartonfabrik, der Nachhilfe und dem Verkauf meiner Stereoanlage, sowie noch den netten Geldgeschenken der Verwandten zur Konfirmation schon 4000 D-Mark als Kapital horte, bin ich mir trotzdem ziemlich sicher, dass es für ein Auto in diesem Zustand nicht reichen wird. Ich hoffe also, dass sich einer der anderen beiden meldet.

Schon abends kommt ein Anruf. Natürlich ist es nicht ein Besitzer der beiden günstigen Ford, sondern der zu dem Grünen gehörende. Der Geschäftsmann aus Salzgitter kann sich durchaus vorstellen, sich für 4500 D-Mark von dem Wagen zu trennen. Ich sage ihm, dass ich nur 4000 habe und er meint, das ginge wohl auch irgendwie, schließlich sei das Auto noch im Firmenbesitz. Mit einem für mich damals komischen Kaufvertrag kaufe ich dann also den Ford tatsächlich für nur 4000 D-Mark in Summe.

Der Vorbesitzer hinterzieht durch die weitere Herabsetzung des Kaufpreises im Kaufvertrag auf 3000 D-Mark dabei die Steuer und lässt sich die restlichen 1000 D-Mark bar auszahlen, ohne Quittung. So kommt er auch auf seinen Schnitt. Na, mir soll das egal sein. Hauptsache, ich komme so an dieses noch recht junge, schöne Auto. Am nächsten Tag, dem 20.04.1979, bin ich also Besitzer eines giftgrünen Ford, der zu dieser Zeit grad einmal fünf Jahre alt ist. Die Farbe kann ich an sich überhaupt nicht leiden, aber der Lack ist einfach noch viel zu glänzend, als zu versuchen, ihn mit irgendwelchen Pinseleien oder Ähnlichem zu verunzieren. Trotzdem will ich das Auto so definitiv nicht fahren. Ich entscheide mich für einen Kompromiss und bastele aus schwarzen, roten und gelben „DC-Fix" Folien, auch mit Hilfe meiner aktuellen Freundin Marie, symmetrische, große Flammen für beide Türseiten und die Haube und beklebe das Auto entsprechend. So kann ich mich nun auch in der Schule sehen lassen.

Später mache ich mit dem Auto in Folge auch nette Wochenendreisen zu Musik-Festivals in ganz Deutschland und schlafe dabei prima in ihm auf der umgeklappten Ladefläche. Endlich ein gemütliches Auto, das durch seinen Nutzwert punktet. Damit sollte mein frühere Raserei auch endlich der Vergangenheit angehören können. Denn dazu ist das Auto nicht gebaut.

Ganz kriege ich die Raserei aber, trotz des lahm motorisierten Fords, doch noch nicht sofort in den Griff.

Am 16.06.1979 bog ich wieder einmal sehr hurtig vor dem auch gleichzeitig anfahrenden Gegenverkehr an einer Kreuzung in Salzgitter ab. Um ein Haar hätte ich dabei ein Kind, das bei Grün über den durch eine Fußgängerampel „gesicherten" Überweg lief, fast angefahren. Dass mich dessen Eltern dafür angezeigt haben und ich mit 100 D-Mark Bußgeld weggekommen bin, betrachte ich im Nachhinein mehr als Zeichen und nicht als Bestrafung. Spätestens zu diesem Zeitpunkt bin ich nun endlich vernünftiger und langsamer geworden.

Ich wäre auch ziemlich glücklich mit dem Auto geworden, wenn nicht gleich kurze Zeit nach dem Kauf, die fast neuwertigen Reifen schon vorne, innen komplett abgefahren gewesen wären. Die Spur ist total verstellt und die Reifen sind deshalb vom Profil her ganz schnell hinüber. Das Spureinstellen kostet 50 D-Mark - die neuen Reifen vorne über 200 D-Mark. Das reißt ein ziemliches Loch in meine, jetzt nur noch durch Nachhilfegeben zu füllende Schülerkasse. Ärgerlich. Noch ärgerlicher ist, dass der Reifenhändler offensichtlich hier bei der Neureifenauswahl nun auch noch Mist gebaut hat. Denn beim kurz danach fälligen TÜV komme ich nicht durch, weil ich jetzt vorne Stahlgürtelreifen und hinten Textilgürtelreifen draufhabe. Vielleicht auch umgekehrt, das weiß ich nicht mehr genau. Auf jeden Fall ist dieser Reifenmix hier in Deutschland so nicht mehr zulässig. Ich kann dem Händler aber den Fehlverkauf leider nicht mehr nachweisen, so bleibe ich auf den entstandenen Kosten für neue Reifen sitzen.

Aber als armer Schüler kann und will ich ja nun nicht schon wieder zwei neue Reifen kaufen und muss mir deshalb etwas anderes einfallen lassen. Mit dem unprofessionellen Reifenhändler will ich dabei natürlich nichts mehr zu tun haben. Ich empfehle ihn auch nicht weiter und kaufe dort auch niemals mehr etwas. Einige Jahre später ist er dann auch pleite.

Wie kriege ich mein Reifenproblem jetzt günstig in den Griff? Ich denke kurz nach. Als Lösung fahre ich dann einmal mehr zu dem Schrotthändler meines Vertrauens. Dort schaue ich mich kurz erfolgreich um. Dem Händler mache ich einen, wie ich finde, unschlagbaren Vorschlag. Ich lasse meine fast neuen Textil-gürtelreifen bei ihm als Pfand und biete ihm zusätzlich eine Leihgebühr von jeweils 10 D-Mark für zwei brauchbare Räder, die ich von einem Schrottford abbaue und mir nur für den Besuch beim TÜV leihen will. Er stutzt erst, aber da wir uns ja schon länger kennen, lässt er sich dann auf den Deal ein. Ich zieh die zwei Räder gleich um und fahre nach Hause. Hier muss ich nur noch mit einigen alten Socken und zerknülltem Papier das hintere Abschlussblech des „Taunus" ausstopfen und anschließend kräftig überspachteln. Zuletzt pinsele ich noch eine gute Portion schwarzen Bitumen „Unterbodenschutz" darauf. So komme ich dann sogar ohne Mängel durch den TÜV. Die Reifen sind auch gar nicht so schlecht, daher fahre ich wieder zum Schrotthändler hin und biete ihm nochmal 20 D-Mark zusätzlich für beide, wenn wir keinen Rücktausch machen. Meine neuwertigen Textilgürtelreifen lasse ich so endgültig da.

Anfang 1980, noch als Schüler, beschließe ich mit meiner Freundin Marie, die bereits eine Lehre als Industriekauffrau macht, zusammenzuziehen. Wir finden auch eine günstige „Werkswohnung" der Salzgitter AG. Ich ziehe im Februar 1980 bei meinen Eltern, sehr zum Leidwesen meiner Mutter, mit meinen wenigen Sachen, einfach aus und komme fortan nur noch sporadisch bei ihr vorbei.

Mit dem Ford wird es aber irgendwie nach rund einem Jahr auch wieder langweilig, so dass ich dann den Kombi noch während meiner Abiturprüfungen schnell am 22.05.1980 an einen Schulkollegen, der gerade ein Studium in Erlangen beginnt, für noch 3500 D-Mark verkaufe. Er fährt mit dem „Taunus" nicht lange. Unter ständiger Volllast fliegt ihm ziemlich schnell erst das Getriebe um die Ohren und dann hat er kurze Zeit später auch einen kapitalen Motorschaden produziert. Daraufhin gibt er den schönen Ford bei einem Händler für einen blöden, gebrauchten Peugeot 104 in Zahlung.

Dieser Händler kann den Wert des tollen Taunus nicht abschätzen, weswegen er den Ford umgehend verschrottet. Ich finde ihn kurze Zeit später auf dem Schrottplatz meines Vertrauens und es tut mir in der Seele weh, ihn dort zu sehen. Er ist doch ein so schickes Auto gewesen und ich vermisse ihn schon ein bisschen. Helfen kann ich ihm aber auch nicht mehr, obwohl ich es ernsthaft überlege, da die Schrottplatzspechte leider bereits einiges ausgebaut haben.

Aber mich reizen nun auch erst einmal die neuen prestigeträchtigen Audi/ VW-Modelle mit den wassergekühlten Motoren und dem Frontantrieb.

Zwei meiner Schulfreunde haben sich gerade jeweils einen noch ziemlich frischen Audi „80L" mit 1300 ccm Motor und 55 PS in der Farbe „Klementine" gekauft. Schöne Autos, finde ich, zumindest optisch. Besonders interessant wird es, als in den Audi von Johannes ein anderer Verkehrsteilnehmer im Mai 1980 hinten draufrauscht. Die Versicherung schätzt den Restwert des Autos auf nur noch 200 D-Mark. So schlimm sieht der Wagen aber gar nicht aus, denke ich. Vielmehr wittere ich hier ein gutes Geschäft. Außerdem möchte ich auch einmal eine Zeit lang, ein aus technischer Sicht so modernes Auto fahren. Johannes hat aber schon einen Käufer für 200 D-Mark gefunden, der den Wagen nur wegen des Motors ausschlachten will. Ich biete Johannes schnell 250 D-Mark dafür und kaufe das Auto weg.

Leider ist das hintere rechte Seitenteil doch komplizierter gestaucht, als ich es erwartet habe. Meine Streckversuche mit einem 10 D-Mark teuren „Scherenwagenheber" aus dem Baumarkt enden in einer ziemlichen Deformation des Seitenteils. Jetzt ist es nicht mehr nach innen, sondern noch schlimmer nach außen verbeult.

So kann das Auto wirklich nicht mehr in den Verkehr gebracht werden. Ich rufe professionelle Hilfe in einer freien Meisterwerkstatt auf.

Hier bekomme ich ein neues Seitenteil für rund 700 D-Mark eingeschweißt und lackiert. Jetzt steht der Audi zwar wieder halbwegs wie original da, aber man sieht ihm auch die Übergänge der Schweißnähte und die andersfarbige Lackierung deutlich an. Mir gefällt das Auto so jedenfalls nicht. Es erinnert mich extrem an die negativen Ergebnisse meines Onkels beim Schweißen des NSU. Zu allem Überfluss finde ich den Audi auch noch vom Fahren her extrem langweilig. Ich würde ihn gern sofort wieder abstoßen. Dafür ist aber im Gegensatz zu mir, meine Freundin Marie Feuer und Flamme für das Auto und überredet mich, ihn zunächst zu behalten. Er sei halt so schön „bürgerlich normal", sagt sie.

Wir machen dann damit auch eine schöne Tour nach Glücksburg in Schleswig-Holstein, um meine Eltern im Urlaub in ihrem Ferienhaus zu besuchen. Ich komme jedoch mit dem neutralen Fahrverhalten zwar technisch, aber nicht emotional klar und verfluche dieses nichtssagende Auto innerlich immer mehr.

Zum Glück merkt auch meine Freundin bei dieser Reise und ihrem Gepäck bald, wie klein der Kofferraum in diesem Auto wirklich ist. Gar nicht zu vergleichen mit dem Ford „Taunus Turnier", den wir ja vorher hatten und den sie nur nicht mochte, weil er so „lieferwagenmäßig" aussah. Jetzt scheint sie den Kofferraum des „Taunus" doch zu vermissen...

1979 - Südfrankreich mit Citroen DS und ohne Zeltgestänge

Wieder einmal sind Ferien. Wie schön, dass zeitgleich mein Freund Jörg anfragt, ob wir nicht gemeinsam mit unseren Freundinnen eine ausgedehnte Frankreichtour machen wollen. Das passt mir doch hervorragend.

Leider besitzt Jörg derzeit lediglich einen Triumph „Spitfire MK 4 1300" und ich habe den besagten Audi „80". Dass wir für den Urlaub ein größeres Auto brauchen, um gemeinsam zu Viert und mit dem Gepäck der Mädels fahren zu können, ist uns Beiden sofort klar. Diese Ansicht wird aber diesmal auch sogar von meiner Freundin Marie nach den gerade gemachten Erfahrungen mit dem Kofferraum des Audis geteilt...

Jörg kennt einen Kollegen aus seiner Rockband, der einen günstigen Citroen „D-Super 5" verkaufen will. Das ist ein passendes Schlachtschiff, wenn auch schon ein bisschen flügellahm.

Der dunkelbraun-metallic lackierte Citroen ist mit Baujahr 1975 noch ziemlich jung und hat noch rund ein halbes Jahr TÜV. Etliche kleine Dellen zieren sein Äußeres und ein Kotflügel ist auch bereits durch einen vom Schrott ersetzt worden und übergestrichen. Grob passt das so farblich zu dem Rest des Autos. Er ist also keine Schönheit mehr, aber dafür soll er auch nur noch 150 D-Mark kosten plus 100 D-Mark für die fast neuen Reifen.

Echter Wucher, zumindest für die Reifen, finde ich, und fahre deshalb erst einmal auf den Schrottplatz meines Vertrauens, um dort günstigere Räder zu erstehen und den Citroen dann eben ohne seine eigenen Räder zu kaufen. Es gelingt mir nicht. Auch 1979 schon will der „Schrotti" 150 D-Mark für vier ziemlich abgefahrene Citroen Räder haben. Widerstrebend kaufe ich also am 10.07.1980 für doch 250 D-Mark den ganzen Citroen. Wir melden ihn zwar auf mich um, teilen uns die Kosten aber brüderlich.

Warum der Citroen so billig ist, wird auch ziemlich schnell klar. Die Kupplung schleift, wenn man zu viel Gas gibt und es ist uns schon zu Ohren gekommen, dass eine Reparatur in einer Citroen Werkstatt bei diesem Auto ziemlich ins Geld geht, weil man an nichts so einfach drankommt.

Das ist uns aber damals einfach völlig egal, und wir können das Risiko des Liegenbleibens auch überhaupt noch nicht einschätzen. Wir packen also die Kiste schnell voll mit meinem Steilwandzelt, Schlafsäcken, Decken, den ganzen Bekleidungskoffern unserer Freundinnen Marie und Lisa und natürlich genug Werkzeug um für alle Eventualitäten - wie wir meinen - gerüstet zu sein.

Die Reise verläuft aber ohne technische Probleme und wir beiden Männer, allein schon mit dem Führerschein gesegnet, wechseln regelmäßig den Fahrerplatz. So kommen wir schnell voran und sind schon nach der ersten Nacht in Frankreich, um einen Campingplatz zu suchen. Unsere Mädels werden jedoch zunehmend nervöser, als wir jetzt von Campingplatz zu Campingplatz fahren und überall eine Absage bekommen. Zu dieser Zeit hätte man in Frankreich mindestens ein Jahr vorher seinen Platz reservieren müssen, um ihn dann im Urlaub auch beziehen zu können.

Gezwungenermaßen fahren wir also quer durch Frankreich und halten nur auf irgendwelchen Parkplätzen, wenn es die Müdigkeit nicht mehr anders zulässt. Zu viert im „DS" im Sitzen für kurze Zeit zu schlafen ist hart und geht nur solange, bis sich einer von uns wieder in der Lage dazu fühlt, weiterzufahren. Meine Güte, ich habe nie darüber nachgedacht, wie eng ein von außen so groß aussehendes Auto wie der „DS" in einer solchen Situation doch im Innenraum ist. Marie und Lisa haben mittlerweile ganz schlechte Laune, verdammen gemeinsam diesen Urlaub und machen mir und Jörg die Hölle heiß. Dazu kommt, dass es tagsüber trotz geöffneter Seitenscheiben bullig warm im „DS" wird, weil er natürlich noch keine Klimaanlage hat. So liegen die Nerven bei allen bald blank, und es wird sich um jede Kleinigkeit gestritten.

Am vierten Tag finden wir dann endlich doch noch in der Nähe von Cannes einen Campingplatz, der bereit ist, uns aufzunehmen. Wir können unser Glück kaum fassen und packen voller Elan als erstes das Steilwandzelt aus, um es sogleich aufzubauen. Wie toll muss es dann sein, nach der anstrengenden Reise wieder einmal richtig ausgestreckt eine Mütze voll Schlaf nehmen zu können.

Das Steilwandzelt ist auch da. Ebenso die Heringe, das Innenzelt und die Zeltleinen. Was fehlt, ist das komplette Zeltgestänge. Ich habe es in der Hektik des Aufbruchs schlicht auf dem Dachboden meiner Eltern vergessen. Nun ist guter Rat teuer, aber nicht unmöglich.

Jörg ist zwar erst etwas ungehalten über mein Versäumnis, aber er beruhigt sich schnell und ist dann auch gleich wieder lösungsorientiert. Nebenan ist ein kleines Bambusgehölz. Mit dem Fahrtenmesser begeben wir uns dorthin und fällen so viele Bambusstangen in der richtigen Stärke, wie wir brauchen. Dann schneiden wir sie auf die richtige Länge, bis wir damit und einfachem Bindfaden ein fast perfekt zusammengebundenes Zeltgestänge aufbauen können. Auf Fotos ist jedenfalls von außen später nicht zu erkennen, dass dieses aufgestellte Zelt hier eigentlich gar kein richtiges Zeltgestänge enthält.

Nach zwei ziemlich glücklichen Wochen mit wenig Beziehungsstress in der Erinnerung, machen wir uns wieder auf die Rücktour.
Jörg fährt gerade, als ich dösend plötzlich von einem lauten Schlag wach werde und ihn frage, was das gewesen sei. Er antwortet: „Nichts. Das musst du wohl geträumt haben!". Erst viel später gibt er zu, dass er wohl auch eingedöst ist und bei einem Lieferwagen den Spiegel abgefahren hat. Der wild gestikulierende Bauer schimpft hinter ihm her, aber er fährt erst einmal mindestens 100 Kilometer weiter, damit er uns nicht einholen kann.

Ohne weitere Probleme kommen wir nach über 7000 Kilometern wieder in Salzgitter an und Jörg und ich überlegen uns, was nun mit dem „DS" passieren soll. Im Unterhalt ist er uns beiden zu teuer und außerdem auch zu dieser Zeit noch zu kompliziert in der Technik. Als erstes fahren wir, solange er noch angemeldet ist, mit dem „DS" einfach einmal zum TÜV. Erstaunlicherweise bemängelt dieser nur eine schief ziehende Handbremse und gibt ansonsten „grünes Licht" für nochmal zwei Jahre TÜV, trotz der schleifenden Kupplung.

Ich kann dieses positive Ergebnis direkt kaum fassen und parke das Auto auf der Straße vor dem Haus meiner Eltern. Dann gehe ich rein, um etwas zu essen. Ein lauter Knall schreckt uns plötzlich auf. Wir und unsere Nachbarn stürzen aus dem Haus. Ein VW „LT" eines Handwerkers hat die leichte Biegung in der engen Straße nicht ganz richtig bekommen und ist an der Ecke der linken vorderen „DS" Stoßstangenhälfte hängengeblieben, sodass diese zum Teil abgerissen wurde.

Heute würde man für teures Geld lediglich das betroffene Teil ersetzen. Wahrscheinlich auch noch durch eine minderwertige, wenig haltbare Nachfertigung.
Damals jedoch lohnt sich das nicht, man besorgt sich stattdessen einfach vom Schrottplatz für gerade einmal 50 D-Mark eine komplette, gut erhaltene, nahezu neuwertige, vordere „DS" Stoßstange. Wohlgemerkt, die ist damals sogar noch aus reinem

Edelstahl, aber kein Mensch sieht zu diesem Zeitpunkt den echten Wert!

Ich lasse bei Citroen einen Kostenvoranschlag erstellen, der uns zwar 130 D-Mark kostet, aber dieses Geld ist gut angelegt. Denn der Meister kommt auf 1350 D-Mark an anzusetzenden Kosten, um den Schaden in seiner Profiwerkstatt beheben zu können.

Da haben wir jungen Bengel natürlich keine Lust, einer Werkstatt das schöne Geld einfach zu überlassen. Die Ersatzstoßstange haben wir ja auch schon liegen. Wir informieren uns, wie wir an einen Großteil der Summe drankommen können, ohne den Citroen in einer Fachwerkstatt reparieren zu lassen.

Wir fahren zur „Schadensschnellstelle" der gegnerischen Versicherung und diese bescheinigt uns nun mit dem zuständigen, eigenen Sachverständigen zwar auch den Schaden von 1350 D-Mark, aber aufgrund nicht anfallender Mehrwertsteuer und dem „Abzug der Eigenleistung" erhalten wir noch genau 850 D-Mark. Die gibt es dafür aber sofort in bar, nachdem wir einen Wisch unterschreiben, dass wir keine weiteren Forderungen mehr an die Versicherung in Zukunft stellen. Das ist doch gigantisch für uns und die „Die Göttin" ist als Geschäft schon kräftig im Plus. Auch die Urlaubsreise war so fast gratis.

Bevor wir nun die Zeit haben, die gebrauchte Stoßstange montieren zu können, kleben wir einfach erst einmal dickes graues Tape über das herausgerissene Teil, und können den „DS" übergangsweise so weiterfahren.

Zwischenzeitlich läuft mir ein blauer Audi „100 L", die zweitürige Variante mit 100 PS, für gerade einmal 100 D-Mark zu. Ich bin mir noch nicht ganz im Klaren, was ich mit ihm eigentlich machen soll, doch er gefällt mir vom Fahren her sehr. Da gibt aber plötzlich der Motor des Audi „100" des Vaters meines Freundes Baldo seinen Geist auf. Ich verkaufe ihm also den ganzen Audi für 150 D-Mark sofort zum Ausschlachten weiter und habe so einfach ein ganz schnelles Geschäft nebenbei gemacht.

Mittlerweile habe ich das Abitur bestanden, aber keine Pläne für die nahe Zukunft. Meine Mutter drängelt nun immer mehr, wenn ich bei ihr vorbeikomme, dass ich mir schleunigst überlegen soll, was ich aus meinem Leben in Zukunft beruflich machen will.

Ich weiß das in Wahrheit aber immer noch gar nicht. Mich interessieren an sich nur Autos, und so hochtrabende Pläne, welche viele meiner Schulkollegen beim Abi hinsichtlich ihres Studiums haben, sind für mich nur ein Gräuel. Ich habe von der Schule erst einmal restlos die Nase voll und will bestimmt nicht direkt so an einer Uni weitermachen.

Ich bastele irgendwie vor mich hin und bin ansonsten wie gelähmt in meinen Plänen. Zumindest schaffe ich es aber, im August 1980 meinen ungeliebten Audi „80 L" wieder für 1450 D-Mark zu verkaufen und so sogar noch ein bisschen Plus zu machen.

Kein großer Gewinn, aufgrund der nötigen Investitionen für die unfachmännische Beseitigung des Seitenschadens, aber doch noch ein kleines Geschäft in Summe.

Danach bin ich zunächst nur auf den noch angemeldeten „DS" angewiesen, bevor auch er verkauft ist.

1980 - Ein Kfz.-Lehrling mit VW-Porsche 914

So sitze ich eines Morgens wieder einmal beim Frühstück bei meiner Mutter und lese wie immer dabei den Kleinanzeigenteil „Automarkt" in der Tageszeitung. Ich höre kaum zu, als meine Mutter die übliche Debatte aufnimmt: „Was willst Du denn nun machen?! Wäre nicht ein Studium der Physik oder so das Richtige für Dich? Dein Vater wäre auch so gerne Ingenieur geworden, aber der Krieg ließ das ja nicht zu. Nun mach Du doch was in der Richtung. Technisch begabt bist Du ja und Mathe kannst Du auch ganz gut."

Mir reicht dieses ewige Generve von ihr. Ich habe nicht ansatzweise Bock, in die Fußstapfen meines Vaters zu treten und eine Ingenieurslaufbahn zu beginnen. Also will ich meine Mutter nur schnell loswerden, um mich wieder in meine Zeitung und meinen Toast vertiefen zu können. Da ich gerade in der Kopfzeile zufällig eine Werbeanzeige des Hauses Porsche lese, sage ich deshalb einfach: „Eine Kfz-Lehre wäre etwas... Aber wenn, dann nur bei Porsche!" - mit der Gewissheit, dass damit das Thema endlich vom Tisch kommt. Pustekuchen! Meine Mutter lässt nun überhaupt nicht mehr locker und sagt: „Dann ruf da doch einmal an und zwar am besten sofort!"

Ich bin ziemlich überfahren, aber je länger ich mich mit dem Gedanken ernsthaft beschäftige, umso mehr wird mir klar, dass diese Idee die richtige ist.

Wie sonst kann ein einfacher Junge aus einer Arbeiterstadt wie Salzgitter, sich jemals in die Lage versetzen, dass er aus eigener Hände Arbeit tatsächlich einen Traumwagen wie einen Ferrari „Dino", einen Maserati „Bora", einen De Tomaso „Panterra", einen Lamborghini „Countach" oder eben einen klassischen Porsche „911" fahren und unterhalten kann? Das geht ja wohl nur, wenn er krumme Dinge dreht oder einfach wirklich richtig gut selbst schrauben kann.

Da ich im Großen und Ganzen doch meistens ein ziemlich ehrlicher Mensch bin, habe ich von den Möglichkeiten der krummen Dinge Abschied genommen. Stattdessen rufe ich tatsächlich in Braunschweig beim Autohaus an. Ich bewerbe mich dort bei Porsche als Kfz-Lehrling und bekomme tatsächlich den Job nach nur einem dreitägigen Praktikum und einem wenig anspruchsvollen Wissenstest.

Bevor ich mit der Lehre im August 1980 beginne, spült mir aber der Zufall einfach so einen Interessenten für den „DS" an.

Unser Getränkefahrer von „Vorlo" sieht den braunen „DS" vor dem Haus meiner Eltern parken. Er ist hin und weg. Dies sei schon immer sein Traumwagen gewesen. Ich weise ihn auf die rutschende Kupplung hin, zugleich auch auf den problemlos zu erhaltenden neuen TÜV, sobald die Handbremse eingestellt ist. Dazu gibt es die separat rumliegende Stoßstange in gutem Zustand und die aufgezogenen, fast neuwertigen Reifen. Die habe ich ja für günstige 100 D-Mark extra gekauft, ihm erzähle ich aber das die viel teurer gewesen sind.

Deshalb kann das Auto natürlich auch nicht mehr so billig sein, wie ich es gekauft habe, finde ich. Einfach so rufe ich mal 2500 D-Mark dafür als Kaufpreis auf... Wir einigen uns auf 1900 D-Mark und glauben dabei beide, ein gutes Geschäft gemacht zu haben.

Noch am gleichen Abend wechselt der „DS" nach der Bargeldübergabe die Hand, doch der neue Besitzer ist leider offenbar nicht lange damit glücklich. Erst höre ich, dass er für horrendes Geld die Kupplung „original" bei Citroen hat reparieren lassen. Dann muss wohl bald noch irgendetwas anderes Teures kaputtgegangen sein, denn ich finde unseren „D Super 5" schon ein knappes Jahr später auf einem Schrottplatz in der Nähe von Salzgitter wieder.

Jetzt in einigen Tagen beginne ich aber zunächst einmal mit der Lehre zum Kfz-Mechaniker und habe keinen fahrbaren Untersatz mehr.

Natürlich brauche ich schnell wieder ein anderes Auto, um für die nächsten zweieinhalb Jahre regelmäßig morgens von Salzgitter nach Braunschweig „pünktlich" zu kommen. Denn da legt mein Lehrmeister besonders großen Wert drauf. Meistens habe ich es auch knapp geschafft.

In unserem Wochenblättchen finde ich am 02.08.1980 wieder einmal einen NSU „1000". Dieses Mal orange und, wie mir der Verkäufer versichert, mit einem gerade stattgefunden Kolbenklemmer. Außerdem geht der Rückwärtsgang nicht. Deshalb ist das Auto aber auch mit 250 D-Mark sehr billig, obwohl es noch fast zwei Jahre TÜV hat. Ich stelle mich schon auf einen Motorwechsel ein, jedoch überrascht mich der kleine NSU bei der Probefahrt damit, dass er eigentlich ziemlich klaglos fährt. Natürlich verlange ich ihm aufgrund des Wissens um seine Vergangenheit mit dem Kolbenklemmer nicht das Letzte an Leistung mehr ab. Aber für den Anfang sehe ich auch keinen Grund, hier tiefgreifende Motorreparaturen durchzuführen. Und ohne Rückwärtsgang komme ich auch schnell zurecht. Entweder kann ich das Auto so parken, dass ich nach vorne wegfahren kann, oder ich muss ihn halt mit geöffneter Fahrertür stehend rückwärts aus der Lücke von Hand herauszerren. Für einen neunzehnjährigen jungen Mann, der voll im Saft steht, ja nun auch wirklich nicht das Problem...

Ich beginne meine Lehre und schraube nebenbei mit meinem Freund Jörg fleißig weiter, wenn sich ein interessantes Angebot zeigt.

In unserem Wochenblatt steht am 01.10. 1980 diesmal ein roter NSU „1000" drin, ohne TÜV und für nur 200 D-Mark. Genau das richtige für den nächsten Deal. Mit Jörg fahre ich ins benachbarte Wolfenbüttel rüber. Dort handele ich den gut laufenden NSU noch auf 150 D-Mark runter und nehme ihn gleich mit.

Da er nicht angemeldet ist, baue ich einfach die mitgebrachten Kennzeichen von meinem orangenen NSU dran und fahre vor Jörgs „Spitfire", damit ich vor etwaigen Polizeikontrollen etwas abgeschirmt bin, einfach mit dem roten NSU nach Hause. Dort angekommen, inspizieren wir den NSU genauer. Eigentlich können wir nur einen durchgerosteten hinteren rechten Kotflügel entdecken. Sonst ist das Auto in Ordnung und fürs Schlachten viel zu schade.

Mittlerweile habe ich in der Lehre schon ein wenig Autogenschweißen gelernt, habe aber leider kein Schweißgerät privat zur Hand. Dafür schleppt Jörg jetzt ein Elektroschweißgerät an, dass sonst in der Tischlerei seines Vaters auf dem Bau Verwendung findet, um grobe Stahlträger zu schweißen. Für Dünnblechschweißen ist es eigentlich nicht geeignet. Wir versuchen trotzdem, mit mäßigem Erfolg, ein grob zurecht gedengeltes Blech an den NSU zu schweißen. Erst braten wir im wahrsten Sinne des Wortes viele Löcher rein. Irgendwann aber, klebt das verbeulte und verzogene Blech wenigstens soweit an der Karosse, dass wir dem Kotflügel mit etwas Spachtel und einer Menge roter Farbe aus dem Baumarkt zumindest wieder halbwegs eine TÜV-fähige Form geben können. Wir leihen uns ein rotes Kennzeichen von einem bekannten Autohändler, fahren zum TÜV und kommen auch tatsächlich auf Anhieb damit durch. Am nächsten Samstag schon geben wir eine Annonce auf und können den roten NSU auch schnell am 11.11.1980 für 800 D-Mark wieder erfolgreich, ohne nennenswerte weitere Kosten verkaufen.

Ich komme jetzt auch bald ins zweite Lehrjahr und eigentlich muss es doch möglich sein, langsam einmal etwas wirklich „Standesgemäßes" zu fahren - am liebsten natürlich nun aus dem Hause Porsche. Ein bisschen Kapital habe ich wieder zusammengespart, aber für einen Porsche „911" reicht das trotzdem bei weitem noch nicht. Auch ein biederer „924er" ist zu diesem Zeitpunkt noch zu jung und deshalb auch zu teuer, um in die engere Wahl zu kommen.

Die Entscheidung fällt auf einen roten VW-Porsche „914 2.0" Baujahr 1973. Das Auto gehört einem Autoverkäufer, der bei einer „Mercedes Unimog Vertretung" arbeitet.

Eigentlich muss es mich schon stutzig machen, mit meinen bereits gemachten Autoerfahrungen, dass der „Neunvierzehner" zwar wie neu glänzt, aber unten am „Targabügel" deutliche Wasserblasen im Lack zeigt. Dies kann man hier gut sehen, weil es die Sparversion ohne die aufgeklebten, schwarzen Kunststofffolien ist.

Bekanntlich macht Liebe aber einfach blind, und ich will das Auto unbedingt haben. Dass es ganz offenbar nur eine schnelle „Verkaufslackierung" bekommen hat, ist mir egal. Ich kaufe es also für 4000 D-Mark am 25.10.1980, obwohl ich bei der Probefahrt kaum vom ersten in den zweiten Gang über Eck schalten kann, weil der Synchronring des zweiten Gangs kaputt ist.

An diesen Umstand gewöhne ich mich aber schnell und dann klappt das Schalten auch trotzdem ganz gut.

Jetzt muss ich mich natürlich auch noch um meinen orangenen NSU kümmern. Denn den brauche ich ja nun nicht mehr. Ich gehe also auf die Suche nach einem Ersatzgetriebe und einem Motor, der noch keinen Kolbenklemmer hatte.

Einige Tage später finde ich auch tatsächlich noch einen grünen NSU „1000", der wirklich komplett durchgerostet ist für 100 D-Mark. Aus diesem baue ich den intakten Motor samt funktionierendem Getriebe aus und bringe den unbrauchbaren Rest auf den Schrottplatz.

Die NSU Maschine lässt sich mit einem mobilen Werkstattkran ziemlich einfach ein- und ausbauen, wenn man weiß, wie es geht. Ich wechsle die Maschine so schon am nächsten Tag in meinen orangenen „1000 C". Ein angenehmer Nebeneffekt ist nun auch, dass der NSU endlich wieder einen Rückwärtsgang hat, da ich den Motor ja gleich samt angeflanschtem Getriebe getauscht habe. Dann überhole ich auch noch die vorderen Trommelbremsen. Sie quietschen laut, weil sie nahezu keine Beläge mehr haben.

Anschließend verkaufe ich ihn für 750 D-Mark mit gutem Gewissen an eine Nachbarin, die ich kurz vorher näher kennengelernt habe. Sie fährt den NSU auch ohne Probleme, solange bis sie von einem anderen Auto gerammt wird und der NSU in den Autohimmel auffährt. Ihr ist dabei zum Glück aber nichts passiert.

Mit dem VW-Porsche habe ich viel Spaß im nächsten Frühjahr, und er lässt sich wirklich sportlich bewegen mit seinen zwei Liter Hubraum, dem Mittelmotor und seinem knackigen tiefen Fahrwerk. Mein Freund Baldo ist von dem Auto ebenfalls begeistert, sodass wir ihm auch einen besorgen. Nun sausen wir mit einem gelben und einem roten VW-Porsche durch die Gegend. Der „Neunvierzehner" von Baldo ist aber leider vom Lack nicht mehr so schön wie meiner mit der Verkaufslackierung, sondern schon sehr stumpf und angestoßen. Also nehmen wir uns gleich am nächsten Wochenende nach dem Kauf ein paar Stunden Zeit und streichen bzw. rollen den „914" mit Pinsel und einer einfachen Malerrolle, ohne irgendetwas abzukleben, mit schwarzem Autolack einfach über. Aus heutiger Sicht ist das eine echte Sauerei, diese Farbmatsche, die wir da verbrochen haben und für die ich mich schäme. Mein Freund Waldemar, der dieses Auto später kauft und neu aufbaut, kann die dicke, ungleichmäßige und stumpfe Farbschicht nur mit viel Schweiß wieder runterschleifen, um ihn dann ordentlich weiß zu lackieren.

Mein VW-Porsche fährt eigentlich längere Zeit bis auf ein defektes Relais und einen durchgerosteten Auspufftopf, den ich aber selbst zusammenschweißen kann, sehr zufriedenstellend. Insbesondere offen, mit abgenommenem „Targadach", macht der „914" richtig Spaß. Jedenfalls bis zu dem Tag, an dem ich versuche, im leichten Drift um eine Kurve auf trockenem Asphalt zu kommen, plötzlich ein lautes Knacken vernehme und dann einen schleifenden Reifen höre. Ich halte an und wundere mich über das sehr schräg abstehende rechte Hinterrad. Die Ursache ist schnell erkannt.

Durch die bekannte technische Schwachstelle dieses Typs kocht die Batterie im „914er" häufig über, weil die Lichtmaschinenregler nicht immer richtig funktionieren. Die Säure läuft dann von der Batterie an der Batterieaufnahme hinunter und von dort über die rechte hintere Achsaufhängung. Das ist aber gar nicht gut für diese. Denn über die Jahre rostet die Achse damit, wie bei meinem Auto schlicht durch und reißt dann irgendwann einfach ab. Genau das ist nun geschehen und ich habe ein Problem.

Ganz allein das passende Ersatzteil einzuschweißen, traue ich mir noch nicht zu. Denn wenn man hier einen Fehler macht, ändert sich die gesamte Fahrwerksgeometrie und das Auto wird dann unfahrbar.

Ich brauche viele gute Worte, bis sich auch erst nach etlichen Monaten endlich einer unserer begnadeten Karosseriebauer in meinem Lehrbetrieb mein Auto in seiner Freizeit vornimmt und es tatsächlich schafft, ohne Rahmenrichtbank das Originalersatzteil, was auch damals schon mit 650 D-Mark sehr teuer ist, richtig einzuschweißen.

Ich brauche aber noch ein weiteres volles Jahr, bis ich die Grundsanierung des „914" wirklich in Angriff nehme und bald auch wieder aufgebe, um das Auto endgültig zu verkaufen.

Bis es soweit ist, schraube ich aber erst einmal in jeder freien Minute in meiner Freizeit und an den Wochenenden und Feiertagen an irgendwelchen Kundenfahrzeugen.

Dabei nutze ich alle Orte, an denen man mich gerade schrauben lässt: vor der Garage meiner Eltern, auf dem Hof der Tischlerei, manchmal auch direkt bei Kunden. Ich bin so aber sehr wetterabhängig und erfreue mit dem dabei anfallenden Lärm von Trennschleifer und Hämmern auch oft nicht gerade die Nachbarn...

Eine echte Schrauber Werkstatt muss her! Ich gebe eine Suchanzeige in der seriösen Wochenzeitung auf und habe damit begrenzt Erfolg. Es meldet sich nur ein einziger schmieriger, unangenehmer Vermieter.

Im benachbarten Wolfenbüttel können ich und Baldo aber von ihm endlich eine ca. 40 m² große Garage mieten, in die knapp drei Autos reinpassen. Hier machen wir erst einmal wettergeschützt nun kleinere Reparaturen an Bremsen und Zündung auch für Freunde, Bekannte und wer uns durch Mundpropaganda sonst so über den Weg läuft.

Der Vermieter stresst uns dabei mit blöden Mahnbriefen über angebliche Beschwerden von Nachbarn oder einfach, weil wir mal wieder eine Karre einfach vor der Tür stehen gelassen haben und nicht direkt in die Garage fahren. Wir lassen uns im jugendlichen Übermut davon aber nicht beeinflussen, sondern ignorieren ihn einfach. Erstaunlich, dass bei diesem Verhalten trotzdem keine

Kündigung des Vermieters erfolgt, bis wir selbst aufgeben. Aber das ist noch nicht spruchreif.

Zunächst kommen wir zu der Überzeugung, dass eine richtige Werkstatt auch einen passenden Transporter benötigt. Ein grüner 1200er „Käfer", Baujahr 1967 mit noch rund einem halben Jahr TÜV ist im Angebot für 200 D-Mark und wir kaufen ihn gemeinsam. Indem wir den Beifahrersitz ausbauen, können wir nun auch, wenn es drauf ankommt, einen ganzen VW Motor darin transportieren. Das ist aber etwas schwierig, und gleich beim ersten Versuch auch nur auf Kosten der Türverkleidung umzusetzen. Einer von uns muss dann auf der Rückbank mitfahren und eine große Werkzeugkiste passt leider auch nicht mehr ohne Probleme rein. Alles in Allem ist das nicht befriedigend und wir verkaufen den „Käfer" schon nach ein paar Tagen wieder genau für den gleichen Preis, den wir bezahlt haben, an einen anderen bedürftigen Salzgitteraner.

Es muss doch möglich sein, auch für relativ kleines Geld einen VW Bus zu erstehen, wenn man es richtig anstellt. Wir lesen intensiv den Kleinanzeigenteil auch aus überregionalen Zeitungen. Plötzlich werden wir fündig. In Elze, rund 60km von Salzgitter entfernt, bietet ein Händler einen VW Bus an. Es ist sogar ein „L-Bus" Baujahr 1968, also einer der ersten „T2", ohne „Split Window". Toll, er soll auch nur 400 D-Mark kosten. Ok, der TÜV ist schon übernächsten Monat fällig, aber dafür sollte dann ja bei diesem günstigen Preis noch Luft für Reparaturen drin sein. Waldemar und ich fahren nach Elze und wundern uns zwar, dass der dunkelbraune Bus auf einem Schrottplatz steht, aber der Gesamteindruck von ihm ist aus unserer Sicht sehr gut, auch wenn er augenscheinlich an vielen Stellen der Außenhaut schon dick gespachtelt ist. Der braune, ziemlich neu nachlackierte Lack glänzt sogar noch etwas, der Motor läuft super und die Inneneinrichtung ist auch komplett. Wir kaufen den Bus nach ein bisschen Handeln für 300 D-Mark und überführen ihn mit geliehenem roten Kennzeichen sofort nach Salzgitter.

Bei der Zulassung gibt es dann das böse Erwachen. Zwar hat der Bus eigentlich noch TÜV, aber der Brief ist abgeschnitten. Damit hat ihn der Vorbesitzer offiziell zur Verschrottung preisgegeben und um ihn wieder in den deutschen Verkehr zu bringen, reicht so nicht mehr ein einfacher TÜV, sondern nur noch eine kostspielige und umfangreiche Hauptabnahme.

Nachdenklich fahre ich von der Zulassungsstelle wieder nach Hause. Ich erschrecke mich, als ein lautes unter dem Fahrersitz herkommendes Poltern ertönt. Sofort bremse ich, halte an und schaue unter den Bus. Erst beim zweiten Blick sehe ich, dass der linke Stoßdämpfer nicht mehr in seiner Aufnahme festgeschraubt ist, sondern lose rumbaumelt. Die Vorderachse ist schlicht durchgerostet. Der Achsschenkel, mitsamt Stoßdämpfer ist abgebrochen. Die Vorderachse komplett zu wechseln, lohnt sich bei einem so alten Gefährt damals nun wirklich nicht mehr. Wir müssen diesen Bus also leider schlachten, was wir auch unweigerlich tun und die Teile zum Verkauf anbieten oder später selbst nutzen.

Wir behalten die gute Schiebetür, den Motor, Teile der Innenausstattung und einige Instrumente. Der Rest wird ein bisschen gewinnbringend verkauft oder auf den Schrott gebracht. Nun haben wir aber erst einmal wieder kein Transportfahrzeug. Mein Freund Baldo fährt zurzeit einen ganz simplen VW „K70", bei dem ständig die nicht richtig montierten Antriebswellen an den Schrauben abreißen.

Veränderung muss wieder her. Ich gebe eine teure eigene Annonce in der Samstagsausgabe unserer Tageszeitung auf: „Suche laufenden VW Bus mit TÜV bis max. 750 DM". Ich glaube zwar nicht, dass sich zu diesem geringen Preis jemand auf die Anzeige melden wird, aber ich werde eines Besseren belehrt. Peter, der Leiter einer Jugendgruppe aus Königslutter meldet sich telefonisch und sagt, er hätte einen solchen Bus, würde ihn jedoch aufgrund seines exorbitant hohen Spritverbrauches, gerne loswerden. Wir schauen ihn an und einigen uns auf 650 D-Mark. Endlich haben wir einen VW Bus, Baujahr 1970 in abgestumpftem Rot und durchgerosteter Schiebetür, aber mit gut anderthalb Jahren TÜV.

Zu Hause inspizieren wir den Bus gründlich. Der hohe Spritverbrauch war wohl nur der Fahrweise des Vorbesitzers gezollt oder der fehlenden Wartung. Denn nach einem einfachen Zündkerzen-, Kontakte- und Ölwechsel, sowie den zugehörigen Einstellarbeiten schnurrt der Bus wieder wie am ersten Tag und macht uns viel Freude bei einem Verbrauch von neun bis maximal elf Litern auf 100 Kilometern.

Jetzt endlich kann ich auch die Säge und den Akkuschrauber zur Hand nehmen und aus Dachlatten, Presspappe und alten Schrankteilen eine einfache Campingausstattung bauen. Die ist zwar nicht so hübsch wie eine professionelle „Westfalia-Ausstattung", aber man kann zumindest nun hinten die Bank so umklappen, dass man im Auto schlafen kann. Ein paar alte Gardinen noch an Schnüren aufgehängt, fertig ist mein erster Camper.

Es ist mittlerweile März 1982 und noch ziemlich kalt in Deutschland, wenn auch nicht so schneereich wie 1979.

Baldo und ich haben ein paar Wochen Zeit. Denn er muss noch Resturlaub bis Ende März nehmen. Mir passt das auch, stehe ich doch kurz vor der Gesellenprüfung, und habe auch noch ordentlich Resturlaub bis dahin zu verbraten.

Wir überlegen, wo es in Europa schon warm sein und wo man mit dem Auto hinfahren könnte. Auf der Karte sehen wir das Kreta am südlichsten liegt, also die größten Chancen auf Wärme bieten müsste. Wir haben zu dieser Zeit beide keine Ahnung, was da für ein politisches System in Griechenland herrscht und gehen davon aus, dass es eine Diktatur wie im Ostblock sein müsste. Zumindest meine ich das schon mal gehört zu haben...

Es ist uns aber auch egal, weil wir uns damals einbildeten, überall durchzukommen.

Dem Bus verpassen wir noch jeweils zwei halbwegs passend zugesägte Schrankteile hinter dem Fahrer- und Beifahrersitz als Trennwand, die wir notdürftig anschrauben und mit einem ebenso hin gepfuschten Vorhang dazwischen verbinden. So haben wir einen zumindest grob abgetrennten Laderaum während der Fahrt. Die Heizung vom Bully ist nämlich nicht besonders prickelnd, schafft es jedoch zumindest meistens den Fahrgastraum auf Temperaturen über dem Gefrierpunkt zu erwärmen.

Dann geht es los und wir fahren Mitte März erst einmal nach Bayern zum Kloster Andechs. Nach zwei großen Maß dunklem Starkbier dort gehen bei uns beiden schon ziemlich die Lichter aus, und wir sind froh, den Bully noch zu finden, nachdem wir den Hang vom Kloster runtergestolpert sind. Erst einmal nehmen wir eine Mütze voll Schlaf. Dann geht es am nächsten Tag durch Österreich über den „Wurzenpass", der zum Glück in diesem Jahr schon schneefrei und somit auch nicht mehr gesperrt ist.

Zügig kommen wir so an der jugoslawischen Grenze an. Dieses Land und die Leute gefallen uns gar nicht. Irgendwie ist alles schmutzig, arm und man sieht nur zerknirschte und unfreundliche Gesichter. Ein typischer Ostblockstaat, denken wir. Bloß schnell durch hier. Wir haben gehört, dass es in Jugoslawien Autobahngebühren geben soll. Wir wissen aber nicht, wie hoch die sind, und da ich sowieso generell immer versuche, diese unnötigen Abzocker-Gebühren zu umfahren, kommt die direkte Verbindung nach Griechenland, also der sogenannte „Autoput", nicht in Frage. Ein Blick auf die Karte zeigt uns den Weg über die Küstenstraße und unten dann um Albanien rum. Wir fahren an diesem Tag dann 850 Kilometer

Serpentinen und Landstraßen in einem durch. Gerade so abends um 21 Uhr kommen wir mit dem letzten Tropfen Sprit, da wir nicht genug Tankgutscheine für Jugoslawien gekauft haben, an der griechischen Grenze an. Dort werden wir freundlich von dem griechischen Zöllner empfangen. Vorher haben wir den mürrisch schauenden, unrasierten und auf seinem Stuhl flegelnden Jugoslawen, ohne selbst kontrolliert zu werden, auch passiert. Wir sind überrascht, dass uns kurz nach der Grenze gleich eine große hellerleuchtete „Shell Tankstelle" fröhlich anblinkt. Auch wenn wir immer noch glauben, dass die Junta hier in Griechenland regiert, müssen die Griechen ja dann doch schon ein bisschen Zivilisation genossen haben, denke ich mir. Wir tanken und fahren nur noch ein paar Kilometer weiter. Meine Güte, ist das schön hier. Das Land gefällt uns auf Anhieb. Es wird jetzt aber bereits dunkel, also fahren wir in einen Waldweg eines Olivenhaines hinein, um uns dort einfach hinstellen und erst einmal zu schlafen.

Wach werden wir, als die Sonne schon hoch am Himmel steht und ein Bauer mit einem blökenden Muli auf unseren Bulli zukommt.

Wir haben nun doch ein bisschen Bammel, dass wir hier einfach so wild übernachtet haben und uns der Bauer nun vielleicht gleich an die Schergen des Diktators verrät. Stattdessen grinst er uns freundlich an, sobald er auf unserer Höhe an dem Bulli vorbeigeht. Nach dem Zähneputzen fahren wir nun entspannt in den nächsten Ort, um erst einmal Drachmen einzutauschen und zünftig zu frühstücken.

Dabei hören wir dann auch von den netten rumsitzenden Griechen, die ja immer mehrere Stunden morgens Pause machen, dass die Junta schon vor über sieben Jahren verjagt wurde und nun eine Demokratie herrscht. Dass wir das nicht wussten, ist ja ziemlich blamabel für unsere Schulbildung, aber doch in Summe prima. Denn nun kann der Urlaub ja so noch entspannter beginnen.

Wir fahren an den „Meteora Klöstern" vorbei und weiter bis Athen, wo wir uns die Akropolis ansehen. Dann setzen wir in Piräus mit einer Fähre und unserem Bulli auf Deck nach Kreta über.

In den nächsten Wochen ist Spaß ohne Ende angesagt. So früh im Jahr fahren wir über schneebedeckte Berge und müssen uns Decken über die Knie legen, weil es die Heizung nicht schafft, während man unten am Strand schon baden kann. Wir schauen uns als erstes die gerade von den Hippies geräumten und nun frisch eingezäunten Höhlen in „Matala" an. Das Publikum gefällt uns jedoch nicht so gut. Daher bleiben wir nur eine Nacht auf dem Campingplatz von „Matala" und machen uns dann am nächsten Tag auf, um den Rest der Insel zu erkunden.

„Agia Gallini" ist ganz nett. Zwar auch schon durch Touristen überfüllt, aber mit netten Kneipen und sogar einer Disco. Dort lerne ich Siny aus Holland, genauer aus Utrecht kennen. Wir nehmen sie nach einer lustigen Nacht mit Tanz und Ouzo am nächsten Tag mit zu einem kleinen Wasserfall an der Küste, der in großen

Steinkaskaden, die so früh im Jahr noch zum Sonnenbaden einladen, in Richtung Meer abfällt. Einige Wochen später versiegen alle diese Bergbäche und bis spät in den September wird Griechenland dann jedes Jahr von der Trockenheit heimgesucht.

Wir verbringen einen traumhaften Nachmittag auch mit Nacktbaden und ich beginne dann am Strand mein erstes Buch von immerhin knapp 27 Seiten zu schreiben. Es ist ein Abenteuerroman, der aus der Stimmung heraus doch ziemlich schräg gerät - mit fliegenden Endivien, harten Männerhelden, wenig Logik – und der deshalb auch nie veröffentlicht wird...

Am nächsten Morgen oder auch vielleicht einige Tage später, verabschieden wir uns von Siny. Im folgenden Herbst besuchen wir sie aber wieder in Holland in ihrem hübschen, für die Gegend so typischen, Reihenhaus ohne Gardinen.

Erstmal geht es für uns jedoch auf Kreta wieder auf Tour. Die Abenteuerlust und unsere Jugend lässt uns hier nicht ruhen, sondern das Fernweh, nach dem noch nicht Gesehenen, treibt uns fort.

Der Westen von Kreta gefällt uns dabei weniger und im Osten fahren wir uns, nachdem die Straßen einfach aufgehört haben, in einem Wald im Sand erstmals gehörig fest.

Es dauert einige schweißtreibende Stunden, bis wir mit dem Einsatz des einzigen, natürlich für solche Fälle vorsorglich mitgenommenen Klappspatens, wieder freikommen.

Dazu legen wir alle möglichen Zweige und auch unsere Gummi-fußmatten aus dem Bulli unter die Hinterräder, bis diese endlich nicht mehr durchdrehen. Als wir aus diesem Wald wieder rausfahren, sind wir dann doch ziemlich erleichtert.

Am besten gefällt es uns dann doch wieder im Süden von Kreta, gar nicht so weit weg von „Matala", in „Agios Georgios", wo wir direkt in einem Bambushain am Strand stehen können und eine Taverna um die Ecke haben. Damit ist der Urlaub nun perfekt. Nach diversen Ouzo Verköstigungen tanze ich nachts, als die Taverne längst schon geschlossen hat, noch Sirtaki auf den Tischen. Im Übermut hole ich, bei den ganzen dort hängenden europäischen, die deutsche Flagge nieder...

Ein paar Tage später, ist aber doch das Ende dieses schönen Urlaubs abzusehen. Wir machen uns auf die Rückreise. Wieder erst mit der Fähre nach Athen, dann quer durch Griechenland, rund um Albanien, diesmal aber doch auf dem Autoput durch Jugoslawien, Österreich und schließlich Deutschland. Nach über 8000 Kilometern sind wir wieder wohlbehalten zu Hause angekommen. Ich übernehme den Bus nun erst einmal ganz in meinen Besitz, um ihn täglich zu fahren. Denn der VW-Porsche hat ja noch den Achsschaden.

Die Lehre zum Kfz-Mechaniker fordert mich zu diesem Zeitpunkt handwerklich wenig, denn es wird kaum noch richtig repariert.

Porsche ist schon weitgehend nur noch auf großzügigen Tausch von Teilaggregaten spezialisiert. Viel früher als das bei anderen Automarken hat dieses Vorgehen hier Einzug gehalten. Die Kundschaft kann sich das ja meistens gut leisten.

Es gibt auch keine Vergaser oder andere größere, mechanische Komponenten mehr, an denen man richtig schrauben könnte. Und wenn sich doch einmal ein älterer Porsche in die „Original Porsche Werkstatt" verirrt, in der ich arbeite, übernimmt den unser Meister, der sich mit der alten Technik noch richtig auskennt, persönlich. Ich darf, wenn ich nicht fegen oder wischen muss, eine Inspektion nach der anderen an den modernen Kisten „924" und „928" machen und langweile mich in der Werkstatt ohne Ende.

Nur privat kann ich mich also dem wirklich anspruchsvollen Schrauben stellen. Mittlerweile kann ich auch ganz gut schweißen und kaufe mir nun als erstes ein eigenes altes Autogenschweißgerät mit gebrauchten Flaschen. Schutzgasschweißen kann ja schließlich jeder und ich halte damals Autogenschweißen auch einfach für viel cooler.

Kein Wunder also, dass ich mich nun nach einer wirklich großen Herausforderung als Auto umsehe.

Schon seit längerem beobachte ich in meinem weiteren Bekanntenkreis einen alten, weißen VW Bus Baujahr 67 mit der berühmten „Split Window".

Es ist das Übergangsmodell, das schon nicht mehr die Klapptüren an der Seite, sondern eine Schiebetür hat. Ziemlich heruntergekommen ist er und in keinem guten Zustand. Innen, bis auf Fahrer- und Beifahrersitz leer, aber auch 1980 schon ein bisschen Kult. Da sich Armin, der Besitzer des Busses, gerade einen recht gut erhaltenen Fiat Neckar geangelt hat, will er den Bus mit ein paar Restwochen TÜV nun verkaufen.

Für 400 D-Mark werden wir uns einig, der Bus ist nun mein.

Meinen treuen anderen roten Bulli, mit noch rund einem Jahr Rest TÜV, kann ich schnell an einen jungen Tanzlehrer für 1000 D-Mark verkaufen. Er baut ihn innen mit Laminat und Teppichboden recht schön weiter aus.

Ich melde den „Split-Window" sofort um und fahre damit erst einmal ein paar Tage rum.

Es ist ein gewöhnungsbedürftiges Fahren, so halb geduckt über das Lenkrad zu schauen, und den tiefen Dachvorsprung auf Stirnhöhe zu haben. Aber endlich sind meine Träume von dem Spielbus damals aus dem Hainberg damit wahr geworden.

Gleich am zweiten Tag geht mir kurz hinter meinem Lehrbetrieb, aufgrund der defekten Benzinuhr, der Sprit aus. Der Bulli bleibt mitten im Autobahnkreuz Braunschweig-Süd in einer unübersichtlichen Kurve stehen. Egal, ich sichere ihn nur mit einem Warndreieck, das ich im Kurveneingang aufstelle. Ich denke meine Firma ist ja gleich nebenan.

Da habe ich mich aber verschätzt. Denn ich pilgere nun zwei Stunden durch die Auen, zwischen den verschiedenen Autobahnen, bis ich dort ankomme. An der benachbarten Tankstelle kaufe ich einen Reservekanister und befülle ihn. Anschließend lasse ich mich entspannt von einem Kollegen wieder zu meinem Bus bringen, tanke und fahre ohne Probleme mach Hause. Was für eine entspannte Zeit. Heute hätten an dieser Stelle, wo ich damals liegen geblieben bin, sicher gleich mehrere Polizeisonderkommandos den „Gefahrenfall" sofort geräumt...

Abends habe ich einige Mal in dem Bus vor unserer Dorfdisco „Blubber" übernachtet. Dazu braucht es nicht viel. Eine hinein geworfene Matratze auf dem Ladeboden und der passende gebrauchte Bundeswehr Schlafsack, schon ist das gemütliche Nachtlager bereitet.

Mit Musik kann das Serienradio allerdings nicht aufwarten. Denn da, wo es eigentlich sein soll, klafft nur ein Loch im Armaturenbrett. Das ist aber auch egal, da ich eh generell lieber in meine Autos damals einen leistungsstarken „Gelhardrecorder" mit Equalizer und Extraverstärker montiere. Dazu werden große Lautsprecherboxen, die andere Leute im Wohnzimmer stehen haben, nur lose in den Laderaum gelegt. Den Verstärker noch anzuschließen und fertig. Damit lässt sich nun ordentlich laut Musik hören. Die Qualität der Wiedergabe ist zwar nicht so toll, aber dies wird durch die Lautstärke eh übertönt.

Praktisch ist, dass ich an die Lautsprecher so lange Kabel montiert habe, dass ich sie bei Bedarf auch auf das Dach des Bullis legen und so den ganzen Discovorplatz beschallen kann. Da kann man dann mit mehreren Leuten eine prima Fete auf dem Dach feiern. So entstehen zwar etliche Beulen im Dach, aber ein beherzter Tritt von unten bringt es wieder in seine halbwegs ursprüngliche Form.

Einmal gibt es mit dem Bulli auch wieder Stress mit der Amtsmacht. Ich komme in Braunschweig in eine normale Polizeikontrolle. Natürlich habe ich keinen Verbandskasten dabei, und so gehen die Herren Beamten die Sache mal ganz genau an. Das der extra montierte Rückfahrscheinwerfer nicht geht, wird moniert, genau wie die defekte Nebelschlussleuchte. Also nichts Wildes bisher, aber dann finden sie doch etwas ganz Schlimmes...Die hintere Stoßstange ist verbogen und eingerissen. „Ja und?" sage ich. Da erklärt mir der Wachtmeister doch tatsächlich, dass die deutschen Gesetze zum Schutze der Allgemeinheit auch Passanten schützen sollen. So wäre zu berücksichtigen, dass bei einem Frontalaufprall mit einem Fußgänger, dieser über das Auto geschleudert werden kann. Er könnte sich dann an meiner defekten Stoßstange hinten schwer verletzen...Ich fasse es kaum und nehme den üblichen Strafzettel nur noch mit offen stehendem Mund entgegen.

Die aufgeführten Mängel sind schnell beseitigt, der Bus wird erfolgreich im Präsidium vorgeführt. Die nächste Zeit läuft er problemlos.

Es kommt jedoch der Tag, wo der nahende TÜV die lustige, unbeschwerte Zeit zu Ende gehen lässt.

Voller Elan gehe ich nun an die notwendigen umfangreichen Schweißarbeiten. Bei dem Bulli sind alle Holme und die Seitenschweller des Unterbodens komplett durchgerostet. Ebenso sind die Einstiege der Fahrer- und Beifahrerseite praktisch nicht mehr vorhanden. Unter der Gummimatte im Fußraum klafft ein ungefähr 20 Zentimeter großes Loch. Insgesamt also ziemlich viel Rost.

Aber eigentlich ist das doch der Normalzustand bei all den Bussen, aus diesen Jahren. Jedenfalls bei denen, die ich noch sehen und vor allem, die ich in Zukunft für den TÜV zusammenschweißen soll.

Bei meinem ersten Versuchsobjekt zur Restaurierung, mache ich jedoch den Fehler, dass ich es völlig falsch angehe und mich dann auch noch restlos verzettele. Und das ausgerechnet bei dem „Split-Window"! Ein Umstand, der mich auch heute noch maßlos ärgert.

Ich bekomme damals ein paar verzinkte zwei Millimeter starke, und damit für Autoreparaturen eigentlich ungeeignete, Blechtafeln geschenkt. Mit denen und meinem Autogenschweißgerät versuche ich nun eine Woche jeden Abend nach der Arbeit, einige Stunden den Bus zurechtzuflicken. Das dicke Blech lässt sich dabei nur sehr schwer mit der Blechschere von Hand zuschneiden. Vor allem aber qualmt und stinkt das Zinkblech beim Schweißen mit neblig grünen Rauchwolken enorm.

Es ist eine große Sauerei, dieses Zeug zu verarbeiten. Und welches Gift ich dabei einatmete, will ich heute nicht wirklich mehr wissen.

Trotzdem schaffe ich es, den gesamten Fahrerbereich über das Bodenblech bis hoch zur „A-Säule" und den linken Radlauf recht ordentlich zu schweißen. Als ich mir mein Werk nach der Woche anschaue, wird mir jedoch schnell klar, dass ich so entweder sehr spät oder nie fertig werde. Ich habe jetzt vielleicht den zwanzigsten Teil der notwendigen Schweißarbeiten erledigt, obwohl ich eine ganze Woche lang meine gesamte Freizeit geopfert habe. Wenn ich in dem Tempo weitermache, kann ich die Blechreparaturen also erst in ungefähr fünf Monaten schaffen. Wenn mich die Gase beim Schweißen nicht vorher sogar umgebracht haben... Der TÜV läuft aber schon in zwei Wochen ab. Gut, man kann schon einmal ein oder zwei Monate überziehen, aber nicht fünf. Denn das könnte dann teuer werden, wenn ich erwischt werde, und das will ich mir echt nicht leisten.

Ich gebe also auf und verkaufe schweren Herzens den Bus an eine Berufsschule, wo er als Studienobjekt geschlachtet wird. Schnüff! Ich fahre ihn noch auf eigener Achse zu seiner letzten Bestimmung auf den Schulhof. Dort lasse ich mich dann von Baldo in seinem roten Audi „72" mit Lenkradschaltung, den er sich zwischenzeitlich zugelegt hat, abholen. Damit bin ich erst einmal wieder ohne Auto.

Ich habe aber schon die letzten Tage, beim Vorbeifahren an unserer „ESSO Tankstelle", die auch einem Schrauber gehört, etwas Interessantes gesehen. Dort in der Ecke steht mein alter roter VW Bulli „T2", den ich ja an den Tanzlehrer verkauft habe, abgemeldet.

Auf dem Rückweg von der Berufsschule am nächsten Tag, schau ich da mal rein und frage einfach, was mit dem Bus los sei. Na prima, er hat Motorschaden, und der Tanzlehrer nicht das Geld, um einen neuen Motor einbauen zu lassen. Mit dem Innenausbau hat er sich offensichtlich finanziell komplett verausgabt, und nun steht der Bus also erst einmal nur herum.

Der Tankstellenpächter will ihn auch möglichst schnell wieder vom Hof kriegen. Gut so.

Ich wittere meine Chance und rufe den Tanzlehrer gleich an. Die Telefonnummer habe ich ja noch auf dem Kaufvertrag des Busses stehen. Er ist auch sofort ganz offen, als er hört, wer ich bin und dass ich ihn von dem Bus wieder befreien will. Wir einigen uns auf 500 D-Mark mit nun noch einem knappen halben Jahr TÜV. Mit Baldo und seinem roten Audi schleppe ich den Bus in unsere Werkstatt. Dort haben wir ja noch die gute Maschine unseres ersten braunen Schrottbusses eingelagert. In einem einzigen Nachmittag ist diese Maschine eingebaut und der Bus schnurrt wieder wie eine Biene. Ich behalte ihn nun auch über ein Jahr, sodass ich diesmal nicht drum herumkomme, ihn auch für die TÜV-Abnahme zu schweißen. Aber davon später mehr.

Auch einen weiteren Urlaub in Griechenland machen wir mit ihm. Nun fahren wir wieder die Küstenstraße in Jugoslawien runter, und dann um Albanien herum, über „Igoumenitsa" nach Korfu.

Auch hier gibt es ein „Agios Georgios", was einen fantastischen Sandstrand und eine Taverna um die Ecke hat. Diesmal lernen wir einen netten Griechen kennen, der nur im Sommer auf Korfu weilt. Sonst wohnt er in Athen und repariert Zigarettenautomaten. Er hat einen „Split-Window" Kombi, bei dem er die Seitenfenster geschickt so mit Pappe kaschiert hat, dass dieser wie ein Kastenwagen aussieht. So konnte er bei der Einfuhr aus Deutschland vor Jahren die Luxussteuer auf PKW sparen...

Er hat Interesse an unserem „T2". Wir handeln hart und wollen eigentlich seinen „T1" in Zahlung nehmen und dann irgendwie wieder nach Deutschland schmuggeln. Trotz umfangreicher Ouzo Verköstigungen werden wir uns aber doch nicht handelseinig und fahren so mit unserem „T2" wieder nach dem Urlaub zurück.

In Deutschland angekommen, finde ich es ist an der Zeit, sich auch einmal einen Zweitwagen zuzulegen. Etwas, das richtig was hermacht...

Ich hatte ja zum Beispiel noch nie einen Mercedes. Da entdecke ich in der Zeitung nun einen günstigen blauen „Strich-acht", Baujahr 1968 und mit der 250er Sechszylindermaschine, natürlich noch mit Vergaser.

Kurz entschlossen fahre ich in das benachbarte Dorf „Lafferde", wo das Auto in einer Scheune ohne Strom und ziemlich im Dunklen steht. Ich besichtige es, so gut das eben unter diesen Umständen von oben geht und habe auch keine Taschenlampe dabei, um einmal richtig unter das Auto zu schauen. Was ich sehen kann, sieht nicht berauschend aus. Es ist klar, dass der Wagen schon ordentlich gespachtelt ist, aber irgendwie hält ihn die blaue Farbe noch zusammen. Dass er beim Starten auch rußt wie ein alter Diesel, ist zwar ein Zeichen, dass mit dem Motor nicht mehr allzu viel los ist, aber der Besitzer versichert mir „glaubhaft", dass es sich um ein durch und durch zuverlässiges Auto handelt. Mit dem Image des Hauses Mercedes und den günstigen, gerade einmal aufgerufenen 500 D-Mark bei fast zwei Jahren TÜV, werde ich schnell schwach. Ich kaufe den Benz nach kurzer Verhandlung für 450 D-Mark. Wie dieses Auto aber vor nur einigen Wochen durch den TÜV gekommen sein soll, ist mir hinterher absolut schleierhaft.

Schon bei der Überführungsfahrt mit meiner neusten Errungenschaft merke ich, dass der Benz ganz schön dröhnt, also offenbar auch eine undichte Auspuffanlage hat. Dies ist ja normalerweise kein Problem. Da ich mittlerweile sogar ein eigenes Schutzgasschweißgerät besitze und auch schon ganz gut damit umgehen kann, beschließe ich, in den nächsten Tagen einfach ein paar Flicken auf die undichten Stellen zu braten. Dann müsste es ja wieder Ok sein, denke ich. Erst einmal fahre ich jedoch mit dem „250er" stolz zu meinen Eltern, um ihnen das Traumschiff vorzustellen.

Ich schaue nicht schlecht, als ich kurz vor unserer Straße um eine Ecke biege, „wosch" die Haube aufgeht und mir vollständig die Sicht raubt.

Mit Mühe bringe ich das schwere Schiff gerade noch so vor den am Rand parkenden Autos zum Stehen. Die Verriegelung ist so schlimm verbogen, dass sich die Haube unkontrolliert öffnen kann.

Außerdem stelle ich ganz schnell fest, dass das Auto schon bei normaler Fahrweise mindestens 18 Liter Sprit auf 100 Kilometer benötigt und auch verdächtig viel Öl braucht.

Die Krönung kommt aber, als ich das Auto endlich auf die Auffahrrampen stelle, um den Auspuff zu schweißen. Ich staune nicht schlecht, als ich sehe, dass dieses Auto im gesamten Bodenblechbereich nur noch aus Glasfasermatten, Spachtel und Gips besteht. Dass die Sitze noch nicht auf die Fahrbahn gefallen sind, grenzt an ein Wunder. Selbst am Mitteltunnel finde ich kaum noch einen durchgehenden Bereich aus Blech. Ich schraube trotzdem den Auspuff soweit ab, dass ich das durchgerostete und durchgebrochene Rohr mit einer umgelegten Manschette wieder zusammenschweißen kann. Dann stellt sich aber die Frage, wo ich die mittleren Auspuffgummis noch anhängen soll. Die gesamte Aufnahme ist aus dem Bodenblechbereich rausgerissen und ich finde nirgendwo in der Nähe genug gesundes Blech, um sie wieder original befestigen zu können. Doch ich bin ja einfallsreich.

Ich brauche nicht einmal eine Bohrmaschine, um links und rechts neben den Tunnel jeweils ein Loch in das Bodenblech zu bohren, ein normaler Schraubendreher und etwas Druck reicht dazu bereits.

Jetzt stecke ich einen Schweißdraht durch das erste Loch und führe den Draht im Innenraum über den Tunnel, biege ihn nach unten und stecke ihn durch das zweite Loch wieder durch. Nun lege ich mich wieder unter das Auto und verzwirbele die beiden Drahtenden. Dadurch habe ich eine solide Aufnahme, an der ich den Halter für die Auspuffgummis befestigen kann. So fährt das Auto auch, bis ich es aus den Augen verliere.

Mir wird dieser Benz allerdings schon jetzt suspekt. Also bin ich heilfroh, als mein Freund Baldo, der in seiner Lehre zum Hüttenfacharbeiter im zweiten Lehrjahr ja schon ganz ordentliches Geld verdient, sagt, dass er unbedingt den Benz haben möchte, egal was er im Unterhalt verschlingt. Ganz schnell wechselt er zum Einkaufspreis auch schon wieder den Besitzer.

Baldo fährt ihn aber auch nicht lange. Denn auch ihn nervt der extrem hohe Verbrauch schnell, er verkauft ihn dann an einen türkischen Mitbürger, der mit ihm in die Türkei fahren will. Ob er da jemals angekommen ist, weiß ich nicht. Ich habe aber weder den Mann noch den Mercedes jemals wiedergesehen.

Ich denke mir, nach so einer Erfahrung mit einem großen Schlitten muss ich es doch jetzt einmal mit dem Gegenteil versuchen.

Ich suche mir also einen Citroen „2CV", gemeinhin bekannt als „Ente". Leider sind die Dinger schon sehr beliebt und zwar nicht nur bei Studenten, sondern ebenso deren Professoren fahren sie. Und deshalb ist eine „Ente" meistens auch unverschämt teuer.

Ich muss einige Tage suchen, bis mir doch eine grüne „2CV6" Ente, Baujahr 1974 angeboten wird, die nur moderate 400 D-Mark kosten soll und noch über ein halbes Jahr TÜV hat.

Gut, die vorderen Reifen müssen erneuert werden, was nicht unter 100 D-Mark zu machen ist. Der Motor ist auch schon ziemlich verschlissen. Trotz aller Einstellbemühungen von mir schaffe ich es jedenfalls nicht, die Ente zu größeren Agilitätsauszeichnungen zu bekommen. Bis diese Ente ihre Reisegeschwindigkeit erreicht hat, benötige ich immer am besten einen leichten Abhang, oder zumindest jede Menge freie Strecke, um erst einmal mühselig zu beschleunigen. Normalerweise laufen die Dinger zwar gut 100 km/h, meine jedoch nie mehr als 70 km/h.

Das Fahrwerk aber ist eine Wucht, es macht in den letzten warmen Herbsttagen richtig Spaß, mit der Kutsche halsbrecherisch um die Kurven zu schnurren und den Wind auf dem linken Ellenbogen zu spüren, wenn man die Seitenscheibe hochgeklappt hat. Das sollte man aber, wenn überhaupt, nur tun, falls die Befestigungsaufnahme der Scheibe oben an der Karosserie noch neuwertig ist und die Klappscheibe in jeder Fahrsituation gut festhält. Sonst kommt die nämlich schlagartig runter und das tut verdammt weh! Auah!! Wieder etwas gelernt!

Eine schöne Tour machen wir zu dritt mit der „Ente" im Altweibersommer 1981. Um 24 Uhr Mitternacht fahren Baldo, Marie und ich los nach Hamburg, um morgens den Fischmarkt zu besuchen. Es braucht tatsächlich bis fast sechs Uhr, um mit dem Citroen hier anzukommen. Wir schauen uns die Fischauktionshallen an und verbringen dann noch einen netten Vormittag in der Stadt. Dann geht es zurück auf die Autobahn. Am späten Abend sind wir wieder in Salzgitter und haben die gut 500 Kilometer also in 13 Stunden reiner Fahrzeit bewältigt...

Es ist jetzt mittlerweile wieder einmal Winter. Und der Winter 1981/82 ist ein wirklich langer und sehr kalter Winter. Die Heizung bei der „Ente" ist trotz von mir mit Schläuchen überbrückter Heizungsklappen ein echter Witz. Sie schafft es lediglich ein ganz laues Lüftchen zu erzeugen, dass nicht einmal ansatzweise die Frontscheibe enteisen kann. Ich fahre also morgens regelmäßig im hochgeschlossenen Parka, mit aufgesetzter Kapuze und einem Lappen in der Hand zur Arbeit. Den Lappen muss ich ständig in Spiritus tauchen, um die Frontscheibe zumindest mit einem kopfgroßen Loch frei zu wischen und im halben Blindflug die 25 Kilometer zu überwinden.

Besonders nervig ist es dann auch, wenn ich Feierabend habe und mit der „Ente" nach Hause fahren will. Denn tagsüber parke ich den „2CV" auf unserem Firmenparkplatz, der durch seine Lage schon etliche scharfe Winde und Böen vorbeiziehen lässt. Durch die instabile Gesamtkonstruktion verwindet sich nun das Gefährt durch den reinen Wind so stark, dass es bei nicht geöffnetem Verdeck und geschlossenen Scheiben trotzdem zu einem bis zu 10 Zentimeter hohen Schneeteppich auf dem Fahrersitz kommt. Gut, ich fege den Schnee dann einfach mit dem Besen raus, aber es verbleibt doch jede Menge Restfeuchtigkeit - und zwar von Tag zu Tag auch noch mehr - die mir dann einen nassen Hintern beschert und mir den Spaß am „Entefahren" gründlich vermiest.

Da kommt es mir gelegen, dass ich mir für einige Wochen unseren malagaroten Scirocco „1,6 GT", Baujahr 1976, ausleihen darf. Vater fährt mit einem Kollegen zur Arbeit, und ich habe so endlich einmal wieder eine richtige Heizung im Auto.

Die „Ente" steht bis März 82 dann einfach nur herum und als die ersten Sonnenstrahlen rauskommen, verkaufe ich sie schnell an einen anderen Entenverrückten. Leider sogar mit etwas Verlust, aber ich habe einfach keine Lust mehr, mich mit diesem Vehikel länger zu beschäftigen.

Jetzt sehe ich mich nach geeignetem Ersatz um. Mittlerweile sind die „914er" auch noch günstiger geworden. Ich finde in unserem Anzeigeblättchen einen schwarzen „914er" 2 Liter, Baujahr 1972 für nur 1000 D-Mark. Mit etwas Geschick und dem Käuferspiel „guter Polizist - böser Polizist" im Duett mit Baldo, kann ich ihn sogar auf 800 D-Mark runterhandeln und mitnehmen. Leider ist der Traum nur von kurzer Dauer. Ich stelle schnell fest, dass offenbar etwas mit der Einspritzanlage oder den Kolbenringen nicht stimmt und deshalb Sprit ins Öl läuft.

So steigt der Ölstand permanent und der Ölmessstab riecht nach Benzin. Da der TÜV auch schon bald ansteht, melde ich ihn gar nicht erst um, sondern weide ihn gleich aus. Insbesondere die heile und noch nicht, wie bei vielen anderen „914ern", gestauchte vordere Haube packe ich in den Keller.

Auch einen ebenfalls schwarzen „914" 1,7 Liter, Baujahr 1970, schlachte ich. Er hat bereits keinen Motor mehr, dafür aber grauenhafte Kotflügelverbreiterungen, die an einen „914/6" erinnern sollen. Und noch ein gelber „914" 1,7 Liter, Baujahr 1971, der sich des Laufens verweigert, geht diesen Weg.

Mit dem Verkauf vieler Ersatzteile von diesen Autos mache ich mir einen guten Ruf als Experte für Porsche 914 und mache auch einen ganz guten finanziellen Schnitt an den Teilen.

Dazwischen bringe ich auch meinen roten VW Bus selbst durch den TÜV. Dazu schweiße ich diesen jetzt einfach mit gekauften, vorgefertigten „Aufschiebe Blechen" in kürzester Zeit zusammen. Vor allem aber nehme ich nun Schutzgas, was wesentlich schneller geht als Schweißen mit Autogen.

Jetzt sieht der Bus farblich ziemlich unterschiedlich aus, weil auch die hinteren Ecken, die unteren Seitenbleche und die vorderen Einstiege aus grauen Neuteilen eingefügt wurden. Nachdem er so nun zwei Jahre TÜV bekommen hat, nehme ich deshalb einfach wieder einmal die Rolle und streiche damit die untere Hälfte komplett mit der gleichen schwarzen Autofarbe, die ich ja noch von Baldos VW Porsche übrighabe über.

Mittlerweile habe ich die Gesellenprüfung bestanden und plane, jetzt ab Herbst 1983 Betriebswirtschaftslehre in Göttingen zu studieren.

Bevor ich aber zum Wintersemester mit dem Studium beginne, löse ich erst einmal die Werkstatt in Wolfenbüttel auf, auch weil mein Freund Baldo keine Lust mehr auf das Schrauben hat. In Zukunft will er sich neben seinem Beruf als erfolgreich ausgelernter Hüttenfacharbeiter nur noch dem Müßiggang widmen.

Gut bekommen tut ihm das jedoch in Zukunft nicht. Erst verliert er zweimal hintereinander den Führerschein wegen Alkohol am Steuer und dann stürzt er auch sonst gesellschaftlich ab. Ich sehe ihn immer seltener und verliere ihn später ganz aus den Augen. Eigentlich schade bei einer so langjährigen Freundschaft, aber die Menschen ändern sich nun einmal auf ihrem Lebensweg und mit Baldo hat mich so nichts mehr verbunden. Wir haben uns eben „auseinandergelebt".

1983 - Studentenzeiten mit Triumph Spitfire MK4, VW Bullis, Datsun Bluebird und Mercedes L 319

Mein Freundeskreis hat sich im letzten Jahr deshalb auch ziemlich verändert. Ganz besonders gerne bin ich nun mit Waldemar zusammen, einem jungen Mann, der ebenso begeistert an Autos schraubt wie ich. Er hat eigentlich erst nur eine Schlosserlehre gemacht und arbeitet nun als Fabrikarbeiter bei VW im Werk Salzgitter. Nebenbei bildet er sich aber zielstrebig weiter und absolviert dann auch seinen Techniker, speziell für CNC-Maschinen. Fortan unterrichtet er als Fachlehrer im EDV Bereich, bis er sich mit einer eigenen Schlosserei erfolgreich selbstständig macht.

Waldemars Onkel ist Fuhrparkleiter in einem Pleite gegangenen Stahlgroßhandel. Über ihn bekommen wir die Gelegenheit, auf dem stillgelegten Fabrikgelände in Immendorf, welches unter einer Insolvenzverwaltung steht, eine kleine Halle von circa hundert Quadratmetern für Autoreparaturen günstig anzumieten. Fortan haben wir auch Kraftstrom und einen Kran, der eigentlich nur fünfhundert Kilogramm heben darf und auf einer Laufkatze fährt. Diesen Kran benutzen wir, um zum Beispiel VW Busse auf die Seite auf Matratzen zu legen. So können wir komfortabel den Unterboden schweißen. Den Kran überlasten wir dabei ständig nur wenig ...

Als erste Amtshandlung in der neuen Werkstatt überholen wir dort meinen nun doch schon wieder in die Jahre gekommenen VW Bus Motor. Da er mittlerweile ziemlich ölt, nehmen wir ihn raus, dichten ihn ab und bauen ihn anschließend inklusive der Windleitbleche wieder zusammen. Irgendetwas geht dabei aber schief. Denn schon auf dem Weg in meine neue Wohnung in Göttingen rund hundert Kilometer entfernt, bemerke ich, dass es nach verbranntem Öl riecht und der Motor auch nicht die volle Leistung zeigt.

Es passiert dann schon bei der nächsten Fahrt, als ich auch noch Zoff mit meiner neuen Freundin aus Peine habe, dass er gleich kurz hinter Göttingen einen kapitalen Motorschaden bekommt. Ich bugsiere meine Freundin nach Nordheim zum Bahnhof und setze sie in den Zug nach Peine. Ich selbst fahre in die andere Richtung nach Göttingen zurück. Selten habe ich mich bei einer Zugfahrt so wohl gefühlt und atme nicht nur bildlich richtig tief durch. Mit der Freundin ist dann auch gleich zum Glück komplett Schluss und ich bin endlich wieder frei.

Den Bus hole ich dann am nächsten Tag mit meinem anderen Freund Günther, den ich vom THW her kenne, und seinem grünen Mercedes „W123 280E" auf einem Trailer ab. Ich bringe ihn erst einmal wieder nach Immendorf in die Werkstatt, wo in Ruhe beschlossen werden kann, wie ich mit dem Buli weiterverfahre.

Günther hilft mir dabei. Als Angestellter im öffentlichen Dienst hat er meistens eher Fehlzeiten als Überstunden, weil er häufig die Mittagszeit nutzt, um eins seiner vielen Bastelautos zum TÜV zu bringen oder anderweitig etwas Besseres zu tun hat, als immer den braven Angestellten zu spielen. Auch bei seinen eigenen Autos gibt es häufig Wechselbedarf. So hat er erst eine Woche, bevor er den grünen „280 E" gekauft hat, seinen weißen Opel „Commodore 2,5 Liter" in der langgezogenen Linkskurve vor seinem Haus einfach aufs Dach auf den Acker gelegt, ohne dass ihm etwas passiert ist. Nur das Auto war danach eben Schrott.

Oder ein anderes Mal fährt er mit seiner roten Yamaha „RD 500" durch Salzgitter Lebenstedt. Irgendwie nimmt ihm ein anderer Verkehrsteilnehmer dabei die Vorfahrt, und er stürzt so elegant, dass sich sein Fuß in der Alufelge des Hinterrades verkeilt und er erst von der Feuerwehr befreit werden muss. Dabei hat er irrsinniges Glück. Denn auch hier ist nichts gebrochen oder schlimmer verletzt.

Er passt also gut zu uns, steigt ebenfalls in unsere Werkstatt mit ein und bringt gleich einen erst knapp fünf Jahre alten, aber fast komplett hoffnungslos verrosteten Mercedes „W123 240D" mit, den er hier restaurieren will. Es ist schon lustig, den Blick des Teileverkäufers zu sehen, als er kurz danach beim Autozubehör steht und seine lange Liste benötigter Reparaturbleche präsentiert und dazu das junge Baujahr nennt...!

Ich will meinen VW Bus bald wieder fahrbereit machen und der Motor ist nun einmal kaputt. Woher also schnell einen günstigen anderen Motor bekommen? Nach kurzem Nachdenken fällt mir ein, dass im Garten eines Bauernhauses in „Reppner" seit Jahren eine alte VW „Doppelkabine" hoch eingewachsen im Gras steht. Da fahre ich jetzt hin und frage, ob der Motor noch etwas taugt. Der Bauer bejaht dies, weil die Pritsche wegen Rost und fehlenden TÜV Chancen einfach vor vier Jahren außer Dienst gestellt wurde, aber der Motor zumindest damals noch gelaufen ist.

Ich gehe das Risiko ein und ohne ihn laufen gehört zu haben, weil die Batterie fehlt, kaufe ich den Motor für 100 D-Mark. Ich baue ihn im Garten des Bauern aus. Die Schrott „Doppelkabine" lasse ich einfach dort stehen. Den Motor transportiere ich mit Günther und diesmal seinem eigenen uralten „Westfalia" Pritschenhänger in unsere Werkstatt, um ihn in meinen Bus einzubauen. Dies gelingt auch und er springt sogar nach einem Ölwechsel, neuen Kerzen, Kontakten und anderen Kleinteilen ziemlich gut an. Leider läuft er etwas unsauber und ist auch nach diversen Einstellarbeiten und weiteren Tauschteilen nicht hundertprozentig zum Laufen zu bewegen. Entnervt gebe ich nach ein paar Tagen auf und verkaufe den Bulli, so wie er ist für 500 D-Mark an einen Ausländer. Damit verschwindet der Bus aus meinem Sichtfeld und ich benötige wieder einmal ein neues Gefährt.

Das mit dem vielen Platz im „T2" hat mir gut gefallen in den letzten Monaten und so schaue ich wieder nach einem Bus.

Parallel dazu denke ich, es wäre jetzt auch einmal schön, endlich auch den so schwierig erstandenen Führerschein „eins" zu nutzen. Gemeinsam mit Waldemar planen wir beide den Kauf eines Motorrades. Er legt sich eine Yamaha „RD 360" für 500 D-Mark zu, die jedoch schon sehr bald nicht mehr fährt. Ich kaufe mir eine braune zweizylindrige 1972er Honda „CB 250G", die optisch noch einen ganz guten Eindruck macht und angeblich 27 PS haben soll. Ich bezahle noch 600 D-Mark dafür und hole das Moped aus dem Keller eines Mietshauses in Salzgitter Lebenstedt.

Ich fahre damit ein bisschen herum, bin aber nicht wirklich zufrieden. Als mein Freund Günther das Moped Probe gefahren ist und sagt: „Nettes Frühstücksmoped zum Brötchen holen, sonst taugt sie zu nix!", verstehe ich auch warum. Irgendwie hat er damit recht. Denn diese Maschine zieht „keinen Hering richtig vom Teller". Bei 110km/h Spitze ist schon Schluss und die Beschleunigung lässt auch etwas zu wünschen übrig. Trotzdem sammle ich mit dem Motorrad, wenn ich nicht gerade dran schrauben muss, einige Fahrpraxis, und bereite mich damit später auf eine größere Maschine vor.

Nach einigen Monaten verkaufe ich die Honda als Zweitmotorrad an einen anderen Biker für seine Frau. Der ist sie aber auch schnell zu lahm und so wird sie auch von ihr bald wieder weiterverkauft.

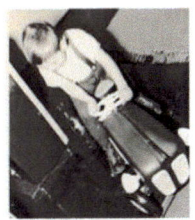  

Im Mai 1983 kommt mein Vater auf die glorreiche Idee, sich jetzt als frisch gebackener Rentner noch einmal ein neues Auto zu kaufen. Leider ohne es selbst oder durch mich Probe zu fahren.

Und so kommt eine eigentlich recht ansehnliche, neue rote Toyota „Celica 2.0 XT Liftback", also mit Heckklappe, in mein Elternhaus. Mich trifft fast der Schlag, als ich das doch recht schwere Auto erstmals fahre. Weil es ein Lagerwagen ist, hat ihn mein Vater so ohne Probefahrt genommen, wie er beim Händler stand. Und damit leider auf die, wie ich hier meine, unbedingt nötige Servolenkung verzichtet!

Im Stand ist dieses Auto dann auch nur sehr, sehr schwer zu manövrieren und ich denke damals, dass es so einen Blödsinn im Angebot doch sonst eigentlich nur von Mercedes gibt. Dieser Hersteller bringt es auch fertig, schwere „E-Klasse" Kisten der Typen /8 und auch noch W123 wahlweise ohne dieses wichtige Ausstattungsmerkmal anzubieten, und ohne rot zu werden, für teures Geld trotzdem zu verkaufen.

Erst viel später, bei meiner ersten Probefahrt im Ferrari „Mondial" und anschließender Recherche, stelle ich aber fest, dass es in italienischer Prominenz sogar bis in die 90er Jahre noch üblich war, dieses Accessoire nicht einmal wahlweise anzubieten, obwohl die Autos alle wahrlich keine Leichtgewichte sind!

Die „Celica" ist jedenfalls nun da und der malagarote „Scirocco 1,6 GT" von 1976 über. Früher hätte ich ihn gerne selbst gefahren. Jetzt, wo ich ihn von meinen Eltern sogar geschenkt bekomme, probiere ich ihn zwar noch ein paar Tage aus, habe aber keinen wirklichen Spaß mehr an ihm. Außerdem säuft das gute Stück von Anfang an immer mehr als 10 Liter auf 100 Kilometer, was keine Werkstatt und auch ich nicht abstellen kann. Dazu muss er nun auch schon im Alter von nur sieben Jahren an Türen, Schwellern und Achsaufnahmen umfangreich geschweißt werden, um durch den bald fälligen TÜV zu kommen. Danach muss er dann natürlich auch komplett lackiert werden. Denn diese Blecharbeiten fordern den großflächigen Ersatz vieler sichtbarer Blechpartien.

Dazu habe ich wenig Lust und eigentlich auch gerade keine Zeit, da ich just lukrativere Objekte bearbeite und auch einmal wieder etwas weiterstudiere. Ich verkaufe den „Scirocco" nach ein paar Tagen an meinen Bekannten Winfried, der ihn dann für sich in unserer Werkstatt aufarbeitet und auch lackiert. Die für den „Scirocco" erhaltenen 1000 D-Mark gebe ich brav meinen Eltern zurück.

Wichtiger für mich ist aber nun im Spätherbst 1983 die Anschaffung eines neuen „Daily Drivers", also dem Nachfolger des Bullis. Ich finde einen solchen auch recht bald schon in der Nähe in Salzgitter Drütte.

Er wird in der Salzgitter-Zeitung von einem Polizisten angeboten. Der Bus, ein 1,6 Liter mit 50 PS, ist beige und aus dem Baujahr 1974. Damit sind bei ihm die vorderen Blinker auch schon oben angebracht und er hat die großen Rückleuchten. Dazu kommt ein schickes Bugrad an der Front und eine, auf den ersten Blick gut gemachte Campingausstattung in Eigenregie. Er soll 1450 D-Mark kosten und hat noch rund ein Jahr TÜV. Für nur 1200 D-Mark kaufe ich ihn, da er doch auf den zweiten Blick auch schon wieder die üblichen derben Rostschäden aufweist. Sicher erfordert er zum TÜV die ganze, nun schon bekannte Schweißprozedur. Die „tolle Campingausstattung" schmeiße ich jedoch gleich nach nur einer Übernachtung darin auf den Müll und baue meine bewerte Dachlatten und Presspappenkonstruktion wieder ein. Hat der Schlaumeier von Vorbesitzer doch eine variable Schlafmöglichkeit so konstruiert, dass die Beine quasi in einen zu öffnenden Schrank ausgestreckt werden. An sich eine gute Idee, nur leider hat er dies lediglich für Personen bis 1,70 Meter Körpergröße gebaut. So muss ich also als Flitzebogen mit meinen 1,80 Metern schlafen und wache morgens gerädert auf. Das gucke ich mir keine zweite Nacht an.

Am nächsten Tag werde ich dann von der Polizei angehalten. Natürlich weiß ich, dass das Bugrad nicht in die Fahrzeugpapiere eingetragen ist. Aber der Polizist, von dem ich den Bus ja gekauft habe, hat mir doch versichert, dass dies nur eine Formalie wäre.

Von wegen! Nun muss ich feststellen, dass trotz aller flammenden Reden von mir nichts an einer deftigen Strafe vorbeiführt. Außerdem habe ich nicht einmal mehr eine Chance, die Bugradhalterung beim TÜV nachträglich eintragen zu lassen.

Nachdem es über zehn Jahre lang kein Problem war, genau diese Halterungen einfach beim TÜV abgenommen zu bekommen, hat der deutsche Amtsschimmel wieder einmal heftig gewiehert und ein neues schwachsinniges Gesetz erlassen, das keine Anbauteile vor der Knautschzone zulässt. Und das Rad steht da ja nun einmal komplett vorne vor der Stoßstange. Obwohl, mal ganz ehrlich, wer kann beim VW „T2" wirklich ernsthaft von nur einer ansatzweise funktionierenden Knautschzone sprechen?! Das bisschen Stoßstangenblech hält da doch sowieso nichts ab, wenn es mal knallt. Aber gegen die deutsche Bürokratie kommt man nicht an und so kommt die Halterung nun eben ab und geht auf den Müll. Das Reserverad fliegt dann fortan wieder lose im Innenraum herum, was für ein Sicherheitsgewinn... Ein Gesetz ohne Sinn zu erlassen, das macht kein Schimmel, sondern nur ein deutscher „Amtsesel"
Damit ist der Bulli in Summe eigentlich noch viel zu teuer eingekauft. Aber da er mir doch schon eine längere Zeit treue Dienste leistet und mich unter anderem auch wieder im nächsten Jahr für mehrere Wochen nach Griechenland bringt, rechnet er sich gerade noch so eben.

Diesmal fahre ich mit Waldemar wieder über die Küstenstraße genauso schnell durch das ungeliebte Jugoslawien, dann nach „Igoumennitsa" und setze nach Korfu über.

Dort lernen wir beide Luisa und Emanuela aus Padua kennen. Besser gesagt, erstmal kommen sich Waldemar und Emanuela näher. Luisa hat leider noch ihren langjährigen Freund Willi dabei, mit dem sie jedoch nicht mehr glücklich ist. Als wir jetzt vorschlagen, mit dem Bus in eine kleine, gestern gefundene, einsame Sandlagune zu fahren, um dort einige Tage wild zu campen, sind beide Mädels Feuer und Flamme und wollen auch mit. Willi singt noch „I'm a poor lonesome Cowboy..." und klimpert dazu auf seiner Gitarre, dann bleibt er zurück und winkt uns hinterher. Ich hingegen lerne Luisa jetzt in den nächsten Tagen auch näher kennen und wir haben alle eine schöne Zeit...

Bevor es jedoch zum nächsten Urlaub in Griechenland kommt, bin ich zunächst eher unregelmäßig in Göttingen am Studieren. Die meiste Zeit verbringe ich in unserer Schrauber-Werkstatt in Immendorf und bereite da, ein Auto nach dem anderen mit Waldemar und Günther auf.

Wir reparieren jetzt die Autos in unserem näheren und ferneren Bekanntenkreis. Die Mundpropaganda über schnelle günstige Arbeit, führt uns dann auch noch weitere Kunden zu. Außerdem kaufen wir alle Autos, die wir billig bekommen, weil sie defekt sind oder keinen TÜV mehr haben. Die peppen wir dann auf und verkaufen sie mit Gewinn wieder. Meist ist unser Einkaufspreis bei um und bei 500 D-Mark und nachdem wir die Autos repariert, gegebenenfalls neu lackiert und mit frischem TÜV versehen haben, bringen sie so zwischen zwei- bis dreitausend D-Mark.

Wir besorgen sogar Autos auf Wunsch. Wenn ein Kunde sich ein bestimmtes Fabrikat und einen Typ ausgesucht hat, handeln wir den Preis aus. Dann halten wir ihn als Dienstleistung mit einem unserer Wagen so lange mobil, bis wir das gewünschte Auto in dem uns gefälligen Preis gefunden, gekauft und dann schnellstmöglich aufgearbeitet haben. Ganz schön risikoreich, nicht nur hinsichtlich Versicherung würde ich heute sagen. Aber es ist eine wilde, schöne Zeit und ich möchte sie bestimmt nicht missen.

Wir erarbeiten uns so nicht nur ausreichend Geld zum Lebensunterhalt, sondern können auch immer schon etwas für den nächsten Urlaub zurücklegen. So komme ich in den nächsten Jahren allein siebenmal in mein geliebtes Griechenland.

1985 - Hubraum ist durch nichts zu ersetzen, als durch mehr Hubraum - also Citroen CX

Da nun, Mitte 1985, mein Bus auch als Arbeitstier für die ganzen Autoaktionen herhalten muss, bin ich wieder einmal auf der Suche nach einem adäquaten Zweitwagen.

Dabei bin ich ja noch nie der Freund von Spoiler besetzten, kreischenden Nähmaschinen gewesen, wie sie sonst viele meiner Bekannten in Salzgitter gern fahren. Vielmehr ersetze ich zwischenzeitlich den guten Ford-Spruch: „viel Auto fürs Geld" durch den nun noch besser zu mir passenden Spruch: „Hubraum ist durch nichts zu ersetzen, als durch mehr Hubraum!"

Unter diesem Aspekt schaue ich mich jetzt doch wieder einmal im Hause Citroen um. Mittlerweile habe ich da auch keine Angst mehr vor der allgemein und zu Unrecht verschrienen Technik. Im Gegenteil, ich stelle in Zukunft fest, dass diese Fahrzeuge sehr robust sind, wenn man weiß, wie man sie zu behandeln hat. Außerdem präge ich zu diesem Zeitpunkt den Satz: „Gib mir eine reguläre Fahrgestellnummer mit Papieren. Den Rest baue ich einfach drum herum!"

Ein solcher Fall ist der Fiat „X1/9" meines Freundes Christoph. Ich weiß ja schon vor dem Kauf das die Dinger als fürchterliche „Roster" bekannt sind, aber er möchte halt trotzdem gern einen haben.

Also besorgen wir gemeinsam einen aus Baujahr 78 und damit noch keinen „five-speed". Als ich mir den umfangreichen Rostbefall anschaue, komme ich doch ziemlich ins Grübeln. Aber zum Glück ist der „X 1/9" nicht nur kantig, sondern hat auch weitgehend gerade Flächen, so können wir aus einfachen Blechtafeln und ohne groß dengeln zu müssen, hervorragende eigene Reparaturbleche herstellen. Die brauchen wir auch in sehr großer Anzahl... Der TÜV ist nach getaner Arbeit auch zufrieden und Christoph fährt nun stolz seinen „X1/9", der sonst längst auf dem Schrott gelandet wäre.

Ich kaufe mir nun einen ziemlich angerosteten Citroen „CX" 2400 Pallas", Baujahr 77 in gerade noch erkennbarem grün-metallic. Außen also mäßig, dafür aber Innen mit einer sehr gut erhaltenen beigen Stoffausstattung erhalten. Der angeschraubte Rahmen unter der Karosserie ist ziemlich an- und auf einer Seite auch schon komplett durchgerostet. Die hinteren Seitenverkleidungen, die über die Räder gesteckt werden, sind gar nicht mehr schön. Sonst geht es eigentlich vom Rost her, nur äußerlich ist der „CX" halt unansehnlich.

Waldemar, der noch besser schweißen kann als ich, übernimmt in den nächsten Tagen die fragile Rahmenrettung und ich bereite durch kräftiges Abschleifen den Wagen zur Lackierung vor. Günther, der wiederum besser lackieren kann als Waldemar und ich, verpasst ihm dann ein neues Lackkleid aus sehr schickem und kräftigem Dunkelrot „Effectmetallic".

Als ich den „CX" wieder zusammengebaut habe, er ohne Probleme neuen TÜV bekommt, bin ich sehr glücklich mit meinem Schlachtschiff und segele äußerst bequem und stolz einige Monate damit über die Straßen. Dabei braucht der „CX" trotz seiner einfachen Vergasertechnik, seinem Motor mit 115 PS und über einer Tonne Leergewicht, lediglich zwischen neun und zehn Liter auf 100 Kilometer bei normaler Fahrweise. Ein Wert, der damals ganz hervorragend niedrig ist, im Vergleich zu den Verbräuchen vieler deutscher Konkurrenzprodukte aus der gleichen Zeit.

Einige Tage im Monat studiere ich jetzt ja doch mal „ordentlich" in Göttingen. Dort habe ich natürlich auch zwischenzeitlich Freundschaften geschlossen. Mit meinem Freund Justus, der in der Auskunft der Telekom arbeitet, komme ich so eines Abends beim Bier auf die Idee, endlich wieder ein Motorrad zu besitzen. Obwohl wir beide eigentlich keine Zeit haben, es intensiv zu nutzen, beschließen wir deshalb, uns ein gemeinsames Bike zuzulegen. Gerne etwas zum Schrauben, da wir diesem Hobby auch in Göttingen zusammen frönen wollen.

Schnell ist auch ein solches Objekt in der örtlichen Zeitung gefunden. Eine Kawasaki „Z500 B" für gerade einmal 500 D-Mark. Nicht fahrbereit, mit einer nicht eingetragenen „Laser-Auspuffanlage", ohne TÜV und mit einigen fehlenden Teilen.

Die Teile suchen wir mit einer Anzeige und es meldet sich ein Besitzer einer Kawa „Z550 B" mit defektem Lenkkopflager. Er fragt, ob wir nicht die ganze Maschine mit fast zwei Jahren TÜV auch für 500 D-Mark kaufen wollen.

Mein Freund Justus hat mittlerweile jedoch an der Schrauberei schon wieder die Lust verloren und ich zahle ihn bei unserer Kawa einfach aus. Dann kaufe ich die zweite Maschine mit dem defekten Lenkkopflager auch noch dazu. Anschließend inseriere ich unsere halbfertige erste Maschine einfach wieder für 700 D-Mark. Zwei junge Schrauber melden sich und haben starkes Interesse an dem nicht vollständigen Motorrad, aber selbst wenig Geld. Ich mache ihnen den Vorschlag, bei der Maschine auf 500 D-Mark runterzugehen, wenn sie mir die beiden Gabeln tauschen und ich damit eine funktionierende Maschine übrigbehalte. Damit sind die beiden einverstanden und der Deal klappt hervorragend. So habe ich danach tatsächlich eine laufende schwarze Kawa „Z550B", mit sportlichem M-Lenker und fast zwei Jahren TÜV für gerade einmal 500 D-Mark.

Ich fahre die kleine Kreissäge sehr gerne und gebe sie nach eineinhalb Jahren erst wieder für 1000 D-Mark ab, als ich mich nach mehr Hubraum sehne. Dazwischen habe ich natürlich weiter an Autos geschraubt und immer darauf geachtet, lukrative Objekte zu finden.

Apropos lukrativere Projekte: Stimmt, da ist mir doch vor einiger Zeit ein Buch unter gekommen mit dem Titel: „180.000km im Triumph Spitfire!". Diesen Titel finde ich sehr interessant und habe das Buch deshalb in einer Nacht sofort durchgelesen. Der Autor ist wirklich soweit mit dem „Spitfire" gefahren. Bis zu diesem Zeitpunkt kann ich mir gar nicht vorstellen, dass dieses verschriene Auto überhaupt länger fahren kann. So habe ich vorher von der Verleihung der „silbernen Zitronen vom ADAC" gehört. Außerdem soll es „Tee mit Rum Pausen" der Engländer gegeben haben, die dieses Auto gebaut und häufig deshalb ein paar Schrauben im Motorraum nicht festgezogen oder ganz vergessen haben. Trotzdem reizt mich der kleine Roadster, schon seit Jörg ja einen vor Jahren hatte und ich ein paar Mal mitfahren konnte.

In Kassel, 50 Kilometer von meinem Studienort Göttingen entfernt, werde ich fündig. Ein dunkelroter „Spiti MK IV 1300", Bj. 71 wird für auch damals günstige 2500 D-Mark Verhandlungsbasis an unserem schwarzen Brett in der Uni gerade angeboten. Er hat ein falsch aufgezogenes neues Verdeck, einen überholten, aber nicht richtig laufenden Motor, sowie einem defekten Kupplungsgeberzylinder.

Ich bin sofort elektrisiert und rufe den Verkäufer an, um schnellstmöglich einen Besichtigungstermin zu vereinbaren. Er versucht aber schon am Telefon, meine Begeisterung zu bremsen, was ihm nicht gelingt und stimmt dann einem Besuchstermin gleich am nächsten Tag zu.

Ich bin natürlich schon kurz vor dem Termin da, weil ich den „Spiti"
ganz schnell sehen will. Der Verkäufer ist auch bereits zu Hause und
öffnet mir die Haustür. Er zeigt mir aber nicht sogleich den Wagen,
sondern besteht darauf, dass ich zuerst einmal ins Haus komme, mit
ihm eine Tasse Tee trinke und er mich über die ganzen Fehler dieses
Autos aufklären kann, bevor er mir den „Spiti" selber vorstellen
will.

Es stellt sich heraus, dass er selbst gar nicht schrauben kann und
offenbar einigem Werkstattpfusch erlegen ist. So ist das neue
Verdeck einfach vorne zu kurz abgeschnitten worden und spannt
nun so stark, dass sich die Seitenscheiben hinten nicht mehr an den
Druckknöpfen befestigen lassen. Der Motor ist zwar überholt, hat
aber keine richtige Leistung und verliert Öl. Die Elektrik ist total
verbastelt und ein Alptraum. Es geht nicht einmal mehr das Licht
richtig und von der Hupe will er schon gar nicht reden. Dazu kommt
eine verwohnte Innenausstattung und der defekte Kupplungsgeberzylinder. Ihm reicht es schlicht mit dem Auto. Er möchte aber
sichergestellt haben, dass der Käufer ihn nicht anschließend noch
wegen weiterer auftretender Defekte in Regress nimmt.

Ich versichere ihm, dass dies bei mir nicht passiert und dass das
Auto in kundige Hände kommt. Und um sein Gewissen weiter zu
erleichtern, handele ich ihn dann auch gleich um 500 D-Mark auf
2000 glatt runter. Zusätzlich nehme ich noch einige neue und
gebrauchte Ersatzteile umsonst mit, die er so rumliegen hat.

Die Überführungsfahrt mit dem „Spiti" nach Salzgitter über rund 150 Kilometer, ist dann einige Tage später auch ziemlich abenteuerlich. Er hat die Fahrgestellnummer „1FH 2964L". „L" steht für Linkslenker, das weiß ich noch heute auswendig. Das flatternde Verdeck hinten zieht wie „Hechtsuppe", es regnet mehrfach rein, die Scheibenwischer gehen nur auf einer Stufe und ich fahre auch nur mit einem funktionierenden Scheinwerfer mit Abblendlicht durch den dämmerigen Tag. Wenn ich unterwegs nicht mehr kuppeln kann, muss ich kurz auf dem nächsten Parkplatz anhalten und Bremsflüssigkeit in den Kupplungsgeberzylinderbehälter nachfüllen. Ich komme aber ohne sonstige Pannen tatsächlich nach gut zwei Stunden heile an.

Im Folgenden besorge ich mir die Ersatzteilkataloge einiger auf Triumph spezialisierter Händler und stelle fest, dass die meisten Teile sehr günstig zu bekommen sind. Nachdem ich dort zum Beispiel für grad einmal knapp 10 D-Mark einen Reparatursatz für den Kupplungsgeber gekauft und eingebaut habe, ist diese Baustelle auf viele Jahre keine mehr. Auch sonst komme ich mit der simplen Technik des „Spiti" gut zurecht. Die Elektrik nimmt sich erst einmal mein Freund Waldemar vor, der sie fast komplett zum Funktionieren bringt. Und nachdem auch die Vergaser überholt und synchronisiert sind, doch nochmal ein ganz neues Verdeck aufgebaut, und der Wagen in Weiß lackiert ist, gehe ich gleich mit meiner neuen Freundin Ronda auf eine Tour über mehrere Tage durch Norddeutschland.

Wir besichtigen Hünengräber und andere keltische Hinterlassenschaften und brausen mit dem offenen „Spiti" über die Landstraßen Schleswig-Holsteins. Der Spiti hält sich dabei tapfer. Nur der Lichtschalter geht auf einmal kaputt. Einen originalen Schalter kann ich unterwegs natürlich nicht so schnell finden. Also kaufe ich in einem ganz kleinen normalen Elektroladen einen einfachen Kippschalter, schließe die Kabel an, und lasse ihn aus dem Armaturenbrett baumeln. Die Konstruktion hält auch tatsächlich, bis wir auf dem Weg nach Hause sind und bei Hannover abends das Licht einfach ausgeht. Der Schalter ist aufgrund der großen fließenden Stromstärken, weil kein Relais vorhanden ist, einfach durchgebrannt. Ich ziehe kurzerhand die Kabel ab und verbinde sie direkt. Leider ist der Kontakt so aber trotzdem nicht optimal und das Licht brennt nur, wenn ich die zusammen gerödelten Drähte auch noch mit den Fingern zusammendrücke. Also fahre ich nun mit der linken Hand an den Kabeln und nur der Rechten am Lenkrad weiter. Es ist zwar etwas warm an den Kabelenden, aber gerade noch so auszuhalten.

Das Ganze geht gut, bis kurz vor Northeim Nord auf der Autobahn. Als ich die leichte Anhöhe hinter Seesen hochfahre, tut es plötzlich einen Knall und das Licht geht ganz aus. Ich fahre auf den Standstreifen und schaue mit der Taschenlampe nach. Die Ursache ist schnell erkannt, die Lichtmaschine hat sich festgefressen und auch schon den Keilriemen zerstört.

An eine Weiterfahrt ist so nicht zu denken. Also schieben wir den „Spiti" noch weiter in den Straßengraben, damit die Polizei nicht gleich wieder Alarm schreit. Danach schließe ich den Havaristen erstmal zu und gehe dann mit meiner Freundin die rund 10 Kilometer bis nach Northeim an der Autobahn zu Fuß. Dort rufe ich von einer Telefonzelle meinen Studienfreund Christoph an, damit dieser uns abholt.

Am nächsten Tag fahre ich mit Christoph wieder zum „Spiti", nachdem ich in einem Geschäft für Damendessous 10 Paar Strumpfhosen gekauft habe. Die Verkäuferin stutzt nicht schlecht, als sie mich nach der gewünschten Größe fragt und ich ihr antwortete: „Egal, Hauptsache es sind die billigsten, die Sie haben!"
Mit den Strumpfhosen fertige ich durch Verknoten einen Ersatzkeilriemen, der den Motor direkt auch ohne Lichtmaschine zumindest durch Drehen des Ventilators kühlen kann. Das funktioniert leider nicht ganz so gut, wie man es in Filmen schon gesehen hat. Zigmal reißt das Nylon, und ich knote es immer wieder neu zusammen. Mit Ach und Krach und diversen, dadurch erzwungenen Pausen zum Knoten, komme ich in Salzgitter vor unserer Werkstatt an. Wir haben alle Strumpfhosen verbraucht und keinen „Fitzel" mehr über. Ich baue die kaputte „Lucas" Lichtmaschine aus und lasse sie für 50 DM in einer „Fachwerkstatt" überholen. Leider komplett ohne Erfolg. Denn sie lädt die Batterie auch nach der Reparatur überhaupt nicht.

Der Spruch: „Lucas ist der Erfinder der Dunkelheit" bewahrheitet sich hier leider genau! Entnervt gebe ich auf mit dem „Lucas-Schrott" und baue das Auto mit Erfolg auf eine Bosch Lichtmaschine um. Dazu kombiniere ich die gebrauchte Version eines „Golf 1" mit der Riemenscheibe eines „Audi 80" und kann so den Originalkeilriemen des „Spiti" von der Länge her perfekt weiterverwenden.

In dieser Zeit lerne ich Kurt kennen, der ebenfalls einen „Spiti" besitzt und auch daran schraubt. Als ich grad mit geöffneter Haube vor der Uni stehe und die mal wieder hängenden Schwimmernadelventile überprüfe, kommt er auf mich zu und fragt, ob er helfen kann. Er ist gelernter Elektriker und studiert nun Zahnmedizin. Wir freunden uns an und er überholt in der Folge meinen Kabelbaum noch einmal komplett. Seinen „Spitfire" besitzt er, im Gegensatz zu mir, noch heute und hat sich sogar einen seltenen „GT 6" dazu geholt. Gerne mache ich auch jetzt noch Ausfahrten mit ihm. Aber zurück zu meinem „Spiti" damals.

Nach der Elektrikkur fährt der Triumph nun meistens zuverlässig. Zumindest komme ich immer irgendwie da an, wo ich hinwill. Er bleibt in Summe für ganze acht Jahre. Ich fahre ihn nebenbei immer nur im Sommer, bis er von mir doch wieder für 5000 D-Mark nach Holland an einen anderen Bastler weiterverkauft wird.

So weit ist es jedoch noch lange nicht. 1984 fahre ich noch als Hauptauto begeistert meinen treuen „CX Pallas", bis ein Umstand eintritt, der mir gar nicht gefällt.

Mein Vater wird plötzlich krank. Schon kurz nach seinem Renteneintritt bekommt er nun so schwer Zucker, dass er nur noch sehr begrenzt sehen und schon gar nicht mehr Autofahren kann. Also ist seine „Toyota Celica" über.

Ich konnte das schwere Ding ja schon wegen der allgemein miesen und schwammigen Fahrdynamik eh noch nie leiden. Dazu kommt noch ein ziemlich hoher Verbrauch, der mich ärgert. Gut zwei Liter mehr als mein geliebter „CX" braucht er auf 100 Kilometer. Dann noch die mäßigen Fahrleistungen, die der Toyota hier aus immerhin doch 115 PS rausholt, sprechen auch nicht für ihn.

Um aber meinem Vater keinen Kummer zu machen, nehme ich schweren Herzens sein Angebot an, mir die „Celica" zu schenken. Ich verkaufe wehmütig meinen schönen „CX" für nur 1450 D-Mark und fahre nun also einen fast neuen Toyota.

Das geht aber nicht lange gut. Schon als das Auto erst ein halbes Jahr alt ist, verliert es plötzlich Öl. Es läuft über den Auspuff und beim dortigen Verbrennen riecht es ziemlich unangenehm. Ich fahre in die Toyota-Vertragswerkstatt, wo mein Vater das Auto auch gekauft hat. Der Simmering zur Kardanwelle wird auf Garantie erneuert.

Ein paar Wochen später ist dieses Problem mit tropfendem Getriebeöl, das über den Auspuff läuft, jedoch schon wieder da.

Bei einem Kilometerstand von lediglich jetzt etwas über 10000 reklamiere ich erneut beim Toyota Händler. Obwohl die Reparatur noch einmal auf Kulanz vom Hersteller gratis gemacht wird, gefällt mir die Situation nicht. Schließlich kann mir auch der Meister nicht den Grund erklären, warum der Schaden so häufig auftritt.

Ich habe da das Vertrauen in dieses Auto verloren und biete es schnell in einer Anzeige an. Es bringt noch 8500 D-Mark und geht ausgerechnet an einen Polizisten, der aber offensichtlich damit ganz glücklich wird. Von dieser Karre höre ich jedenfalls nie wieder etwas.

Es ist mit meinen Eltern abgesprochen, dass ich schaue und für das eingenommene Geld ein anderes „vernünftiges" Auto kaufe. Ich denke an einen neueren Kombi und prüfe den Markt in den Zeitungen.

Gerne würde ich wieder einen Citroen „CX", diesmal aber als Diesel, kaufen. Die angebotenen Kombis sind jedoch entweder zu alt oder zu teuer.

Das beste Preis-/Leistungsverhältnis scheint mir 1986 ein Datsun „Bluebird" zu haben. In den „achziger Jahren" heißt Nissan noch Datsun, denn die japanischen Manager glauben, dass Nissan als Name einen zu schlechten Klang in Deutschland hat. Ich kann einen goldbraunmetallic farbigen zwei Liter Diesel Kombi, Baujahr 83 mit erst 80.000 Kilometern finden und für gerade einmal 4000 D-Mark kaufen. Diesen werde ich etwas über 100.000 Kilometer weit fahren und dann, nach der Wende, für 4500 D-Mark wieder Verkaufen.

Mit dem „Bluebird" gibt es viele schöne Stunden und Erlebnisse. Er macht wenig Probleme. Mir ist jedoch schnell klar, dass wenn doch einmal etwas passiert, es gleich ziemlich ins Geld geht. Denn die japanischen Ersatzteilpreise sind damals viel höher, als die bei deutschen Autos. Zu teuer für einen mit geringem Einkommen versehenen Studenten. Neue Teile kommen also nicht in Frage, ich brauche gebrauchte.

Aus diesem Grund kaufe ich als erstes einen oben noch hübsch anzusehenden, aber unten herum völlig durchgerosteten „Bluebird" Benziner Kombi für 200 D-Mark um die Karosserieteile zu verwenden.

Als zweites besorge ich mir eine eigentlich oben und unten total verrottete „Bluebird" Limousine, aber mit sehr gutem Dieselmotor. Diese beiden Autos schlachte ich jeweils an einem Wochenende komplett und lagere die Teile ein. Den Rest schneide ich mit Flex und Brennschneidgerät klein und fahre ihn auf den Schrott. Damals nimmt dieser den Mischschrott sogar umsonst an. Das wäre heute undenkbar.

Es gibt ja noch kein Internet und trotzdem gelingt es mir, über regelmäßige Kleinanzeigen schon viele Teile der beiden „Bluebirds", die ich nicht selbst benötige, zu verkaufen. In Summe verdiene ich allein über 2500 D-Mark dabei.

Außerdem fahre ich während der 100.000 Kilometer beide Reifensätze der Autos selbst runter.

Die gute Beifahrertür des „Benzinerkombis" wird gegen meine schlechte Tür getauscht. Außerdem benutze ich auch weitere, sonst teure Teile. Das hat sich für mich so ziemlich gelohnt.

Zu dieser Zeit arbeite ich nebenbei stundenweise bei einem Kurierdienst in Göttingen, da mein Bafög längst ausgelaufen ist und ich regelmäßiges Geld verdienen muss, um meine Miete zahlen zu können. Schrauben tue ich jetzt kaum noch, um endlich einmal mein Studium fertig zu bekommen. Deshalb kann ich auch nicht mehr ständig zwischen Göttingen und Salzgitter pendeln.

Das Kurierfahren macht mir Spaß und wenn die anderen Kurierautos schon unterwegs sind, setze ich auch gern den „Bluebird" ein. Mein Chef zahlt dann den Sprit sowie meinen Stundenlohn und ich fahre die Botenfahrten ganz bequem im eigenen Auto. An eine heikle Episode erinnere ich mich jedoch, als es echt eng mit dem Datsun wird.

Wir haben bei eben diesem Kurierdienst einen größeren Auftrag bei der Telekom eingeheimst. Es gilt, fahrbare Hubbühnen, die auf einem Anhänger montiert sind, bundesweit auszuliefern. Sie wiegen nur so gut zwei Tonnen, aber mit über sechs Metern Länge kann ein gehöriges Eigenleben auf der Autobahn entstehen, wie ich bitter feststellen muss.

Ich habe bereits ein, zwei Bühnen mit dem firmeneignen Ford „Transit" Kastenwagen ausgeliefert und dabei schon gemerkt, dass man am besten wirklich nicht schneller als 80 km/h damit fährt.

Oder aber man sollte sich vor Fahrtantritt noch schnell mit dem Stapler eine schwere Gitterbox in den Transporter auf die Achse stellen lassen, damit der Zug stabil auf der Straße bleibt.

Nun ist eben dieser „Transit" unterwegs und eine weitere Bühne soll ausgeliefert werden. Obwohl ich die Anhängelast von zwei Tonnen damit eh leicht überschreite, hänge ich die Bühne an meinen „Bluebird" und fahre Richtung Northeim los mit Ziel Hannover. Zum Glück wird die Autobahn kurz hinter Göttingen sechsspurig.

Denn ich bin noch nicht weit gekommen und habe gerade so auf circa 85 Kilometer beschleunigt, als die Bühne hinten das Schwingen anfängt und ich plötzlich alle drei Fahrspuren in meine Richtung allein brauche, um den schlingernden Zug mit Gas geben und vorsichtigem Abbremsen wieder in die Spur zu bekommen. Zum Glück haben alle Verkehrsteilnehmer hinter mir richtig reagiert und mir diesen Platz auch gegeben. Sonst hätte das hier ein ganz böser Crash werden können.

Mit zittrigen Händen kriege ich den Zug dann doch auf dem Standstreifen zum Stehen und muss erst einmal ganz tief durchatmen. Danach fahre ich die Bühne trotzdem mit dem „Bluebird" nach Hannover, nun aber peinlichst darauf bedacht, auf keinen Fall über 80 Kilometer zu kommen und den Zug immer auf Spannung zu halten, damit mich der Anhänger nicht wieder in wilde Schlingerbewegungen schieben kann.

Im Juli 1989 baue ich den „Bluebird" dann für eine große Urlaubsreise mit Ronda nach Portugal um. Dazu nehme ich die hintere
Sitzbank komplett raus und kreiere aus Dachlatten und mit der
Campingtischplatte ein Gestell, das uns eine ebene Ladefläche zum
Schlafen ermöglicht. Darunter ist erstaunlich viel Stauraum für
unsere Taschen und Vorräte. Außerdem spanne ich Leinen oberhalb
der Fenster und Ronda näht Vorhänge für den Kombi.

Mit dieser Ausrüstung fahren wir dann aus dem alten Göttingen im
Zonenrandgebiet für neun Wochen nach Portugal und erleben dort
eine herrliche Zeit. Erst fahren wir die Westküste komplett runter.
Dann sind wir wochenlang an der Algarve. Ganz ohne Fernsehen
und auch nur selten wird eine deutsche Zeitung gelesen.

So sind wir ziemlich überrascht, als wir im September 1989 dann an
der Algarve gerade in einer Pizzeria sitzen und dort zufälligerweise
ein Fernseher mit deutschem Fernsehprogramm läuft. Es kommen
auch noch Bilder direkt aus Göttingen. Der Kommentator zeigt
begeistert, wie viele kleine Trabbis durch Göttingen fahren, und
erklärt, dass nun die Grenze auf sei.

Wir können es kaum fassen und fahren auch zunächst mit
gemischten Gefühlen nach Hause zurück. Dort ist es schon komisch,
nun plötzlich über Duderstadt weiter einfach so in den Osten fahren
zu können. Wir schauen uns das an. Da die Straßen ja auch gleich
mit unserem „Soli" kernsaniert werden, sind sie dementsprechend
klasse zu fahren. Aber so richtig warm werde ich mit diesem
Landesteil und den Menschen dort bis heute nicht.

Wir machen also jetzt auch Ausflüge in die nun „neuen" Bundesländer mit unseren Freunden aus Göttingen Detlef und Birgit. Dabei kommt die Idee auf, mit den beiden ein gemeinsames Wohnmobil zu kaufen und auch zusammen zu unterhalten. Es darf auch nur ein leerer Kastenwagen sein. Denn Detlef arbeitet in einem Baumarkt und kommt so günstig an Material und ich habe ja nun schon einige Erfahrungen im Ausbau durch meine Bullis. Da sollten wir eine Innenausstattung also gut und günstig hinbekommen.

Ich bekomme den Auftrag, ein passendes Fahrzeug zu besorgen, das technisch Ok ist und ansonsten eben von uns ausgerüstet wird. Wir wollen so zwischen zwei bis dreitausend D-Mark dafür in Summe ausgeben.

Ich finde in der „Oldtimer Praxis" das, aus meiner Sicht, traumhafte Angebot eines roten Mercedes „L319" Diesel Bus, Baujahr 61. Er hat sogar Panoramascheiben im Dach, einen 50 PS Motor mit nur 1,9 Liter Hubraum aus der Mercedes „Heckflosse" und noch ungefähr ein halbes Jahr TÜV. Das weiße Lenkrad, wie bei der zeitgleich gebauten Limousine und eine 4-Gang Lenkradschaltung komplettiert die tolle Ausstattung. Es ist super scharf, damit zu fahren.

Der „319" steht bei Hannover und ich gebe am Telefon nicht auf, bis ich den Verkäufer endlich erreiche. Er wäre zwar erst gegen 21 Uhr wieder da, aber ich kann ihn überzeugen, das wir uns noch am gleichen Abend treffen.

Obwohl es also schon dunkel draußen ist, schaue ich mir den Bus, auf dem an den Seiten groß „ZDF-Reisen" steht, so gut es geht mit der Taschenlampe rings herum und unten drunter genau an. Es ist zwar einiges zu schweißen für den TÜV, aber nichts Unmögliches. Einen „319er" von unten anzuschauen funktioniert übrigens prima. Man braucht auch keine Bühne oder Grube dazu. Die Bodenfreiheit ist wirklich so groß, dass man sich locker einfach darunterlegen und den Unterboden inspizieren kann. Dies ist dann nachher auch beim Schweißen sehr hilfreich.

Ich kaufe den „319er" für runtergehandelte 2000 D-Mark glatt und fahre ihn gleich, da er noch angemeldet ist, nach Hause. Ronda kutschiert unseren Datsun dabei hinter mir her.

Bei diesem haben wir mittlerweile einige Probleme mit der Vorglühanlage. Ich habe bereits die Glühkerzen geprüft und teilweise gewechselt. Doch das Problem besteht weiterhin.

Ich wende mich notgedrungen an eine Nissan Werkstatt, die mir aber per Ferndiagnose nicht wirklich helfen kann, sondern nur die vage Möglichkeit ausspricht, dass eventuell das „Timer Assyglow", also das Glühzeitrelais, defekt sein könnte. Pech ist, dass das aus meiner geschlachteten Limousine nicht passt.

Bei Nissan kostet es über 200 D-Mark. Blöd ist dabei auch noch, da es sich hier um ein Elektrik-Bauteil handelt, ist die Rückgabe in jedem Fall ausgeschlossen. Ich wage das Risiko trotzdem, kaufe und baue das Teil ein.

Damit geht das Vorglühen wieder besser, aber genauso wie früher funktioniert es nicht und ich komme zu dem Entschluss, dass es Zeit ist, sich nun bald von dem Nissan/Datsun zu trennen.

Ich verkaufe ihn für 4500 D-Mark an eine Göttinger Familie, die damit aber nicht mehr lange glücklich wird. Sie „verlieren" schon nach einigen Tagen auf der Autobahn durch Fehlbedienung das Sonnendach. Nun müssen sie in einer Werkstatt ein größeres Loch in das Dach schneiden lassen, bevor ein neues Sonnendach eingebaut werden kann. Denn bei dem Weggeflogenen handelt es sich um ein nicht mehr lieferbares, freies Zubehörteil.

Keine zwei Monate später dann beachtet ein anderer Verkehrs-teilnehmer die Vorfahrt nicht, und verarbeitet so den Datsun direkt zu Kernschrott. Zum Glück passiert niemandem der Insassen etwas.

Nachdem nun einige neue „Schrauber Partner" in unserer Werkstatt in Immendorf eingestiegen sind, gefällt es mir dort immer weniger. Obwohl ich ja ohnehin nicht mehr häufig schraube und deshalb auch nicht mehr so oft rüberfahre, trifft mich, wenn ich einmal dort bin, nun fast immer der Schlag.

Denn keiner der Werkstattnutzer fühlt sich für den laufend zunehmenden Müll verantwortlich und ich raffe mich mehrfach allein auf, den Schrotthändler anzurufen und die Wracks, die von den Schraubarien übrigbleiben, wenigstens halbwegs regelmäßig abholen zu lassen.

Spätestens dann aber, als zwei Polizisten bei uns auf dem Hof stehen, die zehn Autos vor der Tür und in der Werkstatt mit Argusaugen betrachten, ist es nicht mehr lustig. Ich rede mit Engelszungen auf beide allein ein, weil es meinen „Partnern" plötzlich die Sprache verschlagen hat. Dabei wird mir klar, dass es so nicht mehr weitergehen kann. Und mit dem Verdacht der Schwarzarbeit sagt der eine Polizist dann auch: „Wenn ich eines dieser Autos am nächsten Samstag in der Salzgitter-Zeitung annonciert sehe, kriegt ihr richtig Ärger mit mir!"

Da habe ich nun gar keine Lust mehr auf meine zu leichtsinnigen Partner. Außerdem schaffe ich es gerade noch so allein, heimlich die große Schiebetür rechts von einer weiteren Halle zuzuschieben, wo weitere 25 Autos auf Reparatur oder Verkauf warten. Nicht auszudenken, wenn die die Polizei auch noch gesehen hätte.

Ich steige aus der Werkstattgemeinschaft aus und ziehe „schrauber-technisch" nun zu meinem Freund Günther, in dessen Halle in „Dingelbe". Hier können wir einige Jahre in Ruhe und ohne Stress allein oder zusammen nur noch in unserer Freizeit schrauben

Als nächstes Auto läuft mir inzwischen über einen Bekannten, mit dem ich in den Semesterferien bei „Bosch" in Göttingen arbeite, ein ganz großer Exot zu: Ein weißer „Matra-Simca Bagherra" aus Baujahr 77 mit noch über einem Jahr TÜV. Das Auto hat einen ganz merkwürdigen Defekt.

Die Kupplung pulsiert beim Fahren. So etwas habe ich noch nie erlebt und ich kann mir auch nicht erklären, was da wirklich los ist. Da ich das Auto aber von der Form her und als Dreisitzer interessant finde, kaufe ich es für gerade mal 500 D-Mark.

Ich fahre den „Matra" „auf eigener Achse" in unsere Werkstatt nach „Dingelbe" und dort sogar noch über unsere Rampe, mit hoher Drehzahl, in die Halle. Dann gehe ich mit Günther dem vibrierenden Problem auf den Grund. Ich stelle fest, dass die vordere Riemenscheibe zwar Längsspiel hat, aber fest auf ihrer Aufnahme sitzt. Da der Motor zu ist und hinten ja nur die Kupplung auf der Kurbelwelle sitzt, gibt es eigentlich nur eine Erklärung dafür. Die Kurbelwelle muss gebrochen sein. Aber wieso fährt das Auto damit noch?

Wir bauen den Motor aus und zerlegen ihn. Tatsächlich ist die Kurbelwelle schräg so durchgebrochen, das sie dem Kräftespiel, wenn auch pulsierend, noch irgendwie standgehalten hat. Den Kurbelwellenstumpf habe ich mir ausgebaut und mit Klarlack konserviert. Anschließend habe ich ihn auf den Schreibtisch gestellt und da steht er heute noch als Erinnerung.

Für den „Matra-Simca" brauchen wir also einen Ersatzmotor und finden ihn auch schnell in Form eines weiteren, ganz blauen „Bagherras" ohne TÜV in der Nähe von Hildesheim. Wir kaufen auch dieses Auto für 500 D-Mark und denken, das schnelle Geschäft zu machen, indem wir den Motor wechseln, und dann dieses seltene Auto überregional in der Zeitschrift „Oldtimermarkt" anbieten... Ich habe mich jedoch selten so geirrt.

Der Motorwechsel klappt einwandfrei und das Auto läuft wieder gut, aber der Ruf dieses Autotyps ist offenbar so ramponiert, dass wir trotz bundesweiter Inserierung überhaupt keine Resonanz auf den „Matra" bekommen. Er steht von Monat zu Monat und irgendwann ist auch der TÜV abgelaufen.

Da kommt mein Bekannter Justus, der in Göttingen ja bei der „Telecomauskunft" arbeitet, und mit dem ich die Kawa „Z500B" gemeinsam besessen habe mit einem Wunsch auf mich zu. Ohne von meinem „Matra" zu wissen, bekundet er unglaubliches Interesse an einem „Matra Bagherra"...

Ich denke, das sind so die Sternstunden des Autoverkäufers, wenn aus dem Nichts auf einmal ohne eigenes Zutun ein so begeisterter Kaufinteressent auftaucht und ein sicheres Geschäft winkt.

Also fahren wir gemeinsam nach „Dingelbe", um dieses Kleinod aus dem Dornröschenschlaf zu wecken. Leider will der weiße „Matra" aufgrund der langen Standzeit nicht gleich anspringen. Viel Geduld habe ich mit diesem Standplatzbesetzer nun aber auch nicht mehr. Und so fackele ich nicht lange, sondern setze Justus in den „Bagherra", hänge das Abschleppseil in die vordere Öse und will ihn mal eben schnell mit meinem „L319" anschleppen. Wir rollen lose an und als Justus die Kupplung im zweiten Gang dann kommen lässt, tut es einen lauten Schlag mit einem Knarren und die Front des „Matra" klappt komplett nach oben.

Die Plastikkarosse ist gerissen und der offenbar völlig durchgerostete Gitterrohrrahmen hat nun ganz seinen Geist aufgegeben und ist einfach durchgebrochen. Es haben sich zwei Teile gebildet und die Front steht nun senkrecht. Ich habe das Auto also buchstäblich auseinandergerissen.

Damit kauft es Justus natürlich nicht mehr und ist auch gleichzeitig vom „Matrabazillus" geheilt. Wir können die Matrateile dann trotzdem kurze Zeit später noch komplett, aber in Summe doch mit Verlust, an einen „Matra" Verrückten verkaufen. Endlich ist das „Matra" Abenteuer vorbei und wir sagen uns: „Bloß weg mit dem Mist".

Ich habe zwischenzeitlich ja immer noch den „L319", bei dem ich mittlerweile recherchiert habe, dass er ursprünglich auf dem Frankfurter Flughafen ab 1961 wohl als Shuttlebus eingesetzt wurde. Später einmal, in den 70er Jahren, ist er extra für das Fernsehen, genauer für die Sendung „Der Fernsehgarten", mit der Beschriftung „ZDF-Reisen" lackiert worden.

Er gehört mir mittlerweile auch ganz allein. Denn Birgit, die bessere Hälfte von Detlef, die eher konsum- und imageorientiert ist, kann mit dem Oldie nicht wirklich viel anfangen und hat auch ganz andere Vorstellungen von einem Wohnmobil. So bewirkt sie, dass Detlef auch aus dem Projekt aussteigen will. Wir einigen uns auf zwei Raten für die Auszahlung ihres Anteils und dann kann ich endlich mit dem Innenausbau beginnen.

Nach bewährter Art, aber mittlerweile wesentlich professioneller, baue ich diesmal eine Campingausstattung mit Rahmenhölzern. Dazwischen kommt furnierte Presspappe. Das sieht hübsch aus. Dann befestige ich noch die flexiblen Leinen für die Gardinen, die wir noch von dem Datsun behalten haben. So ausgestattet fahre ich am nächsten Wochenende mit Ronda zum „Camping-Oldietreffen" der „COC Camping-Oldie-Freunde" nach Kassel. Dort ist es zwar eigentlich ganz nett, aber erstens kann ich mit den Hardcorebesitzern der ausgemusterten Feuerwehren oder den Eignern, der in Note „eins" dastehenden und schon zwischenzeitlich auch immens teuer gewordenen „T1" Bullis, wenig anfangen. Außerdem haben wir ein massives Nässeproblem in unserem Bus.

Dadurch, dass einmal ein Baum auf das linke vordere Oberlicht gefallen ist, ist dieses Glas zerstört worden. Da es keinen Ersatz mehr gibt, hat einer meiner Vorbesitzer dort ein Stück durchsichtiges Plastik aus irgendeinem Müll zurechtgeschnitten und halbwegs eingepasst. Um es dicht zu kriegen, hat er das scheibenähnliche Material dann reichlich mit Fensterkitt und zwischenzeitlich ganz ausgehärtetem Acrylat abgedichtet. Und damit noch nicht genug. Bei dieser Gelegenheit hat er wohl auch gleich alle anderen Dichtungen der Oberlichter „nachgearbeitet" und alles dort wild mit schwarzer „Mumpe" verschmiert. Das Ergebnis zeigt sich nun in einer gigantischen Tropfsteinhöhle mit teilweise auch rauschenden Wasserfluten.

Ich versuche verzweifelt, da irgendwie mit diversen Mitteln wie Silikon, Acrylat und Amor-All gegenanzukommen.

Richtig gelingen tut es mir jedoch nie. Dazu kommt, dass sich der „319er" bei Sonnenschein gleich so schnell aufheizt, dass er als Wohnmobil wirklich gar nicht taugt. Trotzdem fahre ich ihn sogar noch durch den Winter. Denn zu dieser Zeit arbeite ich wieder einmal als „Heizungsableser" und mein anderes Auto hat mich gerade im Stich gelassen.

Das andere Auto ist erneut ein Citroen „CX". Ich nerve Ronda so lange mit meinen Erzählungen zu dem tollen „CX", den ich schon einmal hatte, bis sie zustimmt, einen solchen als Zweitwagen nochmal anzuschaffen. Schnell werde ich auch fündig. Ein „CX Break" steht im Nachbarort, der aber nicht mehr fährt und im Paket mit einem weiteren defekten „CX" für 300 D-Mark verkauft werden soll.

Ich kaufe beide, bringe aber nur den Break zu meinen Eltern, um den defekten Motor später ausbauen zu wollen. Ich plane, den Break als Diesel umzurüsten. Er parkt also dann im Vorgarten, wo er rund ein halbes Jahr so stehen wird, bis ich ihn ohne etwas dran zu machen, zum gleichen Kurs wieder abgebe. Den anderen defekten „CX" lasse ich beim Verkäufer zunächst stehen, komme aber etwas später noch einmal darauf zurück.

Denn eine weitere „CX" 2400 GTI Limousine, Baujahr 79 ist mit Unfallschaden für nur 450 D-Mark und einem guten Jahr TÜV inseriert.

Den schauen wir uns doch gleich einmal an. So schlimm ist der Crash wirklich nicht. Lediglich Stoßstange, Blinker und linker Kotflügel sind hinüber. Selbst die Haube ist nur wenig verzogen und kann so eigentlich weiter Verwendung finden.

Ich kaufe den „CX" für 400 D-Mark und rufe dann gleich den Besitzer des „CX" Paketes nochmal an. Ja, der zweite „CX" ist noch nicht vom Schrotthändler abgeholt. Ich mache ihm klar, dass ich ja beide bezahlt habe und jetzt gern noch Blinker, die Stoßstange und den linken vorderen Kotflügel abbauen will. Er ist einverstanden und ich hole mir die Teile für lau.

Nachdem ich die Reparatur ausgeführt habe, sieht der „CX" zwar immer noch leicht verunfallt aus, aber er fährt, wie ich es von einem „CX" erwarte. Wie auf einer Sänfte, gleite ich endlich wieder durch die Gegend. Die Einspritzung ist sogar noch rund einen halben Liter sparsamer, als die Vergaserversion.

Ich will ihn nun dazu einsetzen, um in ganz Norddeutschland in den Mietshäusern meines Auftraggebers, pünktlich die Heizungen ablesen zu können. Dadurch kann ich in kurzer Zeit gutes Geld verdienen, und endlich auch mit meinem Studium so nun einmal fertig werden.

Aus beidem wird so einfach leider nichts: Im Studium habe ich zwar mittlerweile alle nötigen Scheine und die Diplomarbeit erfolgreich geschrieben, doch das Fach Volkswirtschaftslehre kostet mich fast den Erfolg.

Ich falle dreimal durch die schriftliche Prüfung. Nur mit knapper Not, im letztmöglichen Termin in der nun anstehenden mündlichen Prüfung, kann ich das Zepter noch rumreißen und bestehe mit einer glatten zwei gerade noch so...

Mit dem „CX" GTI klappt das leider nicht so erfolgreich. Schon auf der ersten Fahrt nach Hamburg verliert er plötzlich Sprit ohne Ende. Es riecht ganz kräftig und die Tankuhr geht schneller runter, als man eigentlich auftanken kann. Ich schaue mir die Bescherung auf dem Rastplatz „Baunatal" oberhalb vom „Walsroder Dreieck" an. Das Aluminiumgehäuse der kräftigen Benzinpumpe ist komplett zerfressen. Der Kraftstoff wird so direkt aus dem Tank auf der Straße verteilt. Ich versuche noch eine Druckmanschette aus zwei Schellen und einer zerschnittenen Bierdose sowie ordentlich Silikon zu bauen. Das hält jedoch gar nicht und das Silikon löst sich durch das Benzin sofort auf.

Es bleibt mir nichts anderes übrig, als Ronda von einer Telefonzelle aus anzurufen, die mich extra mit dem „319er" aus Göttingen erst einmal abholt. Den „CX" lasse ich auf dem Autobahnrasthof einfach stehen. Wir holen dann gemeinsam eine gebrauchte Benzinpumpe von einem „CX" Spezialisten aus einem Kaff, in der Nähe von Göttingen und fahren nun die ganzen 250 Kilometer wieder zurück zu dem Havarie-Ort des „CX" GTI. Die Pumpe selbst ist dort schnell eingebaut. Ich brauche ja nicht einmal einen Wagenheber, sondern fahre den Citroen nur in die höchste Federungsstufe.

Dann kann ich ganz bequem über dem rechten Hinterrad die Pumpe wechseln. Der GTI läuft auch sofort wieder wie ein Uhrwerk und ich verabschiede mich von Ronda, die ja mit dem nur 50 PS starken „319er" viel länger als ich brauchen wird, denke ich. Da ich noch in Soltau tanken muss, biege ich gleich an der nächsten Ausfahrt ab und sie braust mit dem Panoramabus vorbei.

Nachdem ich getankt habe, fahre ich wieder auf die Autobahn und glaube, dass ich Ronda in ein paar Minuten einhole. Ich beschleunige und habe gerade so ungefähr 150 Sachen drauf, da tut es plötzlich einen fürchterlichen Schlag, der Motor geht aus und ich rolle direkt im „Walsroder Dreieck" auf dem Standstreifen aus. Der Wagen springt auch nicht mehr an. Das klingt jetzt nach einem kapitalen Motorschaden. Handys gibt es ja noch nicht und so kann ich Ronda auch nicht mehr während der Fahrt erreichen. Ich steige also aus und sichere den „CX" so gut es geht. Dann mache ich mich zu Fuß auf ins nächste Dorf, abseits der Autobahn.

Da Ronda ja noch die nächsten Stunden unterwegs ist, rufe ich Waldemar an, um den GTI abzuschleppen. Anschließend gehe ich zum Auto zurück.

Doch dort steht auch schon die Polizei in Form von zwei unterbeschäftigten Beamten, die mich stark an die „Büttel" aus den Wernerbüchern erinnern. Sie machen jetzt auch einen großen „Lauten", weil das Auto, obwohl es schon auf dem Grünstreifen, also praktisch bereits mitten im Acker steht, noch eine erhebliche Verkehrsgefährdung darstellen würde. Die Schergen der Abzockerei zwingen mich deshalb, einen teuren Abschlepper zu bestellen, da sie nicht warten wollen, bis Waldemar mit einem Abschleppseil da ist.

Der Abschlepper kommt und die Verbeamteten entfernen sich laut labernd und speicheltriefend, nachdem sie über Funk doch noch widerwillig zu einem „echten" Einsatz gerufen werden.

Der Abschleppfahrer weiß nicht recht, wie er den jetzt ganz abgesenkten Citroen ohne Beschädigung auf seinen Tieflader mit der Seilwinde bekommen soll. Scherzhaft meint der Fahrer, ich solle doch einmal versuchen, den Motor zu starten, um die Hydraulik hochzufahren. Ich denke noch, was ist das denn für ein Trottel, wenn ich schon einen Abschlepper bestelle, weil der Motor nicht mehr läuft, aber drehe trotzdem einmal den Zündschlüssel um und bin selbst ganz erstaunt, dass der Motor nun sofort wieder anspringt. Ok, er qualmt durch verbranntes Öl, aber er läuft wieder. Ich fahre ihn also auf den Abschlepper selbst drauf und dieser bringt mich auf den nächsten Rastplatz Allertal, wo ich jetzt in Ruhe auf Waldemar warten darf.

Der Spaß mit dem Abschleppen kostet mich über 100 D-Mark, die ich jetzt natürlich nicht mehr habe. Der Fahrer besteht aber auf sofortige Zahlung. Nur mit Mühe kann ich ihn überzeugen, dass er mein gutes „Clarion" Autoradio als Pfand akzeptiert. Damals war das als Diebstahlschutz typischerweise immer zum Raus- und Mitnehmen nur lose eingebaut.

Ich kann es so in den nächsten Tagen in seiner Firma wieder auslösen.

Da der Citroen ja offenbar ohnehin einen kapitalen Motorschaden hat, ist es ja eigentlich egal, ob wir versuchen, noch so weit wie möglich zu fahren. Dann können wir immer noch schleppen und die Reststrecke langsam nach „Dingelbe" kriechen. Gesagt, getan. Ich fahre also rußend und qualmend vor Waldemar langsam her und komme sogar tatsächlich ganz ohne liegen zu bleiben in „Dingelbe" an. Wir stellen den „CX" in die Werkstatt und ich mache mich am nächsten Tag auf die Suche nach einem guten Motor.

Diesen finde ich auch ziemlich schnell. Ich hole das extrem schwere Teil dann mit dem „319er" in „Lesse" ab und bringe es in die rund 20 Kilometer entfernte Werkstatt. Gemeinsam mit Günther baue ich den alten Motor aus und nehme interessehalber auch den Kopf runter. Beim dritten Zylinder fand offenbar eine Überhitzung statt. Der ganze Kolbenboden ist verbrannt, verformt und der oberste Kolbenring praktisch weggeschmolzen. Dass dieser Motor noch gelaufen ist, kann ich kaum glauben. Den Kolben habe ich auch aufgehoben und dauerhaft auf meinem Schreibtisch abgestellt, nachdem ich ihn saubergemacht habe.

Dann bauen wir den Ersatzmotor ein. Er springt auf Anhieb ganz gut an, geht jedoch gleich wieder aus. Leider ist er aber auch in den Folgetagen mit allen Anstrengungen und Einstellungen nicht dauerhaft am Laufen zu halten.

Ich gebe auf und verkaufe den „CX" für eine einzige symbolische D-Mark an einen anderen Hartgesottenen.

Als „Heizungsableser" im Winter absolviere ich meine Termine nun also, nur etwas langsamer, überall mit dem zuverlässigen „319er". Immer noch ein tolles Auto, nur das mit dem für ein Wohnmobil unschönen und unpraktischen Dach gefällt mir nicht.

In Hannover gibt es ein interessantes Angebot. Ein ehemaliger „319" Feuerwehr-Kastenwagen mit Wohnmobilzulassung, aber nun ohne Einrichtung, jedoch mit großem Dachgepäckträger und einer Drei Meter breiten Markise, wird angeboten. Das ist doch eine schöne Alternative zu meinem jetzigen „319er", denke ich. Er springt zwar sehr schlecht an, aber das soll laut Vorbesitzer nicht am Motor liegen. Denn der ist gerade erst frisch reingekommen und er soll vorher einwandfrei gelaufen sein. Ich kaufe den grünen Kastenwagen für 800 D-Mark und überführe ihn in unsere Werkstatt in „Dingelbe", wo er die nächsten zwei Jahre unangetastet stehen wird, bis ich ihn wieder abgebe.

Stattdessen kümmere ich mich jetzt endlich einmal um den roten Panoramabus. Ich nehme die Holzplatten des Laderaumes raus und schweiße so ganz gemütlich die Holme von oben. Nur bei den Aufnahmen der Federteller muss ich mich unter das Auto setzen, um diese vernünftig reparieren zu können.

Nachdem ich auch noch etliche Bleche in die Außenhaut eingeschweißt habe, rolle ich den „319er" einfach komplett mit einer Malerrolle in Rot über und bringe ihn problemlos durch den TÜV. Danach verkaufe ihn so, wie er dasteht, für 5000 D-Mark glatt an einen Interessenten, der extra aus München anreist.

Als der 319 vom Hof rollt, „sticht mich aber schon wieder der Hafer..."
Ich schaue nachmittags in unseren Kleinanzeigenteil des „Kost-Nix". Da steht doch tatsächlich eine Goggo Limousine drin Baujahr 1960. Ok, nicht fahrbereit und ziemlich verrostet, aber dafür auch mit nur 250 D-Mark ziemlich günstig. Ich kaufe ihn von einem pensionierten Lokführer, wie es damals auch im braunen Pappbrief eingetragen wurde und stelle ihn erstmal unter. Kurze Zeit später wird sogar noch ein Goggo bei ebay angeboten, der genau auf den Tag so alt ist wie ich! Den ersteigere ich natürlich auch.
Es stellt sich heraus, das der zweite Goggo zwar gut aussieht, aber ein typischer Blender ist mit viel Spachtel. Immerhin bringe ich ihn gemeinsam mit meinem Sohn zum Laufen, nur der Rückwärtsgang will nicht so wie wir. Als das auch nach dem Austausch der Schaltführungen nicht besser wird, verkaufe ich beide Goggos an einen Ingenieur in Schleswig-Holstein, der ein begnadeter Goggo-Schrauber ist. In den ersten Goggo von mir baut er einen 12 Zylinder Sternmotor aus einem russischen Flugzeug ein. Könnt Ihr im Internet mal schauen. Der Goggo fährt zwar nicht, weil er kein

Getriebe dazu passend bekam, aber der Motor läuft mit viel Getöse. Den zweiten Goggo restauriert er dann normal. Ich habe ihn irgendwann auch aus den Augen verloren.

Da ich aber immer noch gern „CX" fahre, wende ich mich im Frühjahr 1990 an eine freie „Citroen Werkstatt" in Bovenden bei Göttingen. Die haben einen „CX" 2500 Diesel, also keinen Turbo, mit lediglich 72 PS im firmeneigenen Fuhrpark. Das Auto ist braun/beige und nicht gerade übermäßig hübsch, aber es besitzt ein tolles elektrisches Faltdach. Der Citroen ist bestimmt zuverlässig und ich verliebe mich sofort. Ich kaufe ihn für 2500 D-Mark.

Mit diesem Autowechsel kommt es auch zu einer starken Veränderung in meinem persönlichen Umfeld. Ich verlasse meine langjährige Freundin Ronda und lerne meine spätere erste Ehefrau Carmen kennen. Sie mag den „CX" leider aber gar nicht und so ist sein Schicksal auch schon bald wieder besiegelt, obwohl er mir viel Spaß bereitet. Schade eigentlich, denn mit nur rund sieben Liter Diesel auf 100 Kilometer ist er gut und sehr komfortabel zu bewegen. Man kommt dabei auch sogar noch zügig voran.
Hätte ich damals bloß den Wagen behalten und die Frau in den Wind geschossen...!

Aber so verkaufe ich ihn halt stattdessen Anfang 1990 ziemlich plus minus null an einen Studenten und verliere ihn aus dem Blick.

Es folgt nun ein biederer „günstiger" roter „Golf 1" mit 50 PS, einer ein bisschen rutschenden Kupplung und einer dicken Beule im vorderen linken Kotflügel. Wegen der Mängel kann ich ihn dafür aber auch für nur 450 D-Mark erstehen. Die Kupplung macht mir zwar nicht richtig Sorge, aber ich möchte sie doch zeitnah reparieren und so mache ich einen Termin mit Günther am nächsten Wochenende aus.

Die Ersatzteile liegen schon im Wagen und ich will mal eben die nur knapp 100 Kilometer am Samstagmorgen zu Günther nach „Dingelbe" rüberfahren.

Im Vergleich und zur Erinnerung: Ich bin ja vor ein paar Jahren über 7000 Kilometer mit schleifender Kupplung mit dem „DS" durch Frankreich ohne Probleme gefahren und heile zurückgekommen. Mit dem „Golf" gelingt es mir aber diesmal nicht einmal die nur 100 Kilometer noch zu schaffen. Ich bleibe auf der Höhe „Abfahrt Bockenem" ohne Kraftschluss liegen und muss mich von Günther abschleppen lassen. Da soll mir noch einer sagen, deutsche Autos halten mehr aus als französische...

Mit dem reparierten „Golf" fahre ich dann regelmäßig von Göttingen aus zu meiner ersten, „richtigen" Arbeitsstelle in der Erwachsenenbildung der Deutschen Angestellten Akademie „DAA" nach Northeim. Gleichzeitig kaufe ich für meine zukünftige Ehefrau Carmen einen schwarzen „Mini 850", Baujahr 82, damit sie auch unabhängig von mir zum gleichen Arbeitgeber fahren kann. Mit diesem „Mini" haben wir eigentlich beide viel Freude. Denn er fährt sich trotz seiner nur 34 PS wie ein Go-Kart. Ich besorge über den „Miniclub" in München aus einem umgebauten „Mini Cooper" noch eine hübsche, neuwertige schwarze Innenausstattung mit Stoff und roten Kedern, sowie das passende Lenkrad auch mit roten Nähten.

Der „Mini" läuft bei uns zuverlässig, und ich kann kaum verstehen, warum ihm so viele Leute Probleme andichten. Bis zu dem Nachmittag, als wir einmal hintereinander nur die Autos in unserer Straße umparken wollen. Carmen fährt hinter meinem „Golf" langsam her und rollt plötzlich aus. Ich schau mir die Bescherung an und stelle relativ schnell fest, dass die Steuerkette gerissen sein muss. Auf gut Glück und nach Rücksprache mit echten „Minischrauber Experten" kaufe ich eine neue Kette und baue den „Mini" einfach am Straßenrand mit Hilfe meines Werkstatthandbuches „die Reparaturanleitung" auseinander. Ich wechsele die Kette, stelle die Steuerzeiten ein und bin selbst überrascht, als der Motor anschließend tatsächlich klaglos wieder anspringt und einfach läuft.

Trotzdem verkaufe ich den „Mini 850" bald an einen jungen Mann. Denn mir ist ein richtig schickes, schwarzes „Mini" Cabrio mit eigentlich abartig anzuschauenden, aber damals eben sehr modernen Kotflügelverbreiterungen über den Weg gelaufen.

Da die vorderen Trommelbremsen quietschen und ich der Vorbesitzerin des Autos damit ein schön schlechtes Gewissen einreden kann, gibt sie das „Mini" 1000 Cabrio für nur 2000 D-Mark ab.

1990 - die Wende in Chemnitz mit VW Passat und VW Bully T3

Ich habe zwischenzeitlich einen neuen Job bei einer bayrischen Spedition in Bad Tölz angenommen. Dahin muss ich die ersten Monate auch jede Woche 850 Kilometer von Göttingen aus sonntags runterfahren, um Freitag wieder die Rückfahrt anzutreten.

Auf meinem Weg nach Tölz sehe ich bei Bad Hersfeld zwei Wochen lang einen abgemeldeten „Golf" einfach auf einem Parkplatz herrenlos stehen. Die Farbe passt eigentlich auch ganz gut zu meinem „Golf" mit dem verbeulten Kotflügel auf der Fahrerseite. In der dritten Woche halte ich dann einfach an, packe den Werkzeugkasten aus und schraube dreist den Kotflügel ab. In unserer LKW-Werkstatt in Tölz montiere ich ihn dann nach Feierabend und als ich am Wochenende die Strecke wieder zurückfahre, ist der „Schrottgolf" auch einfach verschwunden. Glück gehabt, sage ich.

Weniger Glück habe ich jedoch mit dem Motor des „Golf". Er verreckt mir schon eine Woche danach auf der Rückfahrt nach Göttingen. Gut, ich fahre das Wochenende dann einfach mit der Bahn und kann in der Folgewoche auch gleich einen günstigen Motor zwischen Tölz und München auftreiben.

Den hole ich mit dem alten Firmen VW „Passat" Kombi ab. Ich baue ihn am nächsten Vormittag ein und er läuft auch wieder gut, aber irgendwie bin ich mit dem „Golf" trotzdem durch. Daher verkaufe ich ihn schon am nächsten Wochenende an den „Matra-Justus" für 500 D-Mark.

Nach der Einarbeitungszeit in Tölz übernehme ich eine Filiale der Firma in Chemnitz in leitender Verantwortung.

Mit dem Job in Chemnitz werde ich jedoch trotz eigenem Dienstwagen, ein VW „Passat" Kombi, nicht glücklich. Diese Stadt mit ihren stinkenden Braunkohleöfen, den runtergekommenen Häusern und Straßen, finde ich nur deprimierend. Dazu kommt, dass Anfang 1994 auch mein erstes Kind, ein Sohn, unterwegs ist. Ich kann mir einfach nicht vorstellen, in diesem Sachsen mit seiner komischen, für mich grauenhaft klingenden Sprache ein Kind groß zu ziehen, was dann auch so sprechen wird, wie die anderen Leute hier. Ich suche deshalb nach nur einem Jahr die neue berufliche Herausforderung.

Zuerst aber denke ich dabei auch an die Freizeit. Was passt da besser zu als „back to the roots" wieder einmal einen VW Bus zu erstehen? Ich habe diesmal besonders großes Glück und finde einen rot und orangenen „T3" Diesel mit 50 PS und großem „Westfalia Aufstelldach". Er hat eine selbst gebaute, robuste Komplett-ausstattung mit Kühlschrank, Gasheizung und vier Schlafplätzen und kostet nur 2000 D-Mark. Der Haken ist, dass das Getriebe defekt ist und, wie mir der Vorbesitzer erzählt, leider nicht nur zum ersten Mal. Er hat jetzt „die Faxen dicke" mit dem Bus und verkauft ihn deshalb so günstig.

Ich denke, das ist kein Problem und besorge auch gleich am nächsten Tag ein passendes 50 PS Getriebe für 150 D-Mark auf einem Schrottplatz bei Göttingen. Damit fahre ich zu dem Parkplatz bei dem Vorbesitzer. Er staunt nicht schlecht, als ich das Getriebe allein dort vor dem Haus wechsele und dann mit einem Grinsen aus eigener Kraft vom Hof fahre.

Leider bleibt mir dieses Grinsen schnell im Halse stecken, als ich auch nach nur 100 Kilometern erneut einen irreparablen Getriebeschaden habe.

So schnell gebe ich natürlich nicht auf und suche sofort wieder den Schrottplatz meines Vertrauens auf. Diesmal hat er jedoch kein weiteres 50 PS Getriebe aus einem 1,6 Liter Diesel mehr vorrätig. Lediglich eines für einen Zweiliter-Benzinmotor mit einer entsprechend längeren Übersetzung. Außerdem ist der Zapfen der Hauptwelle länger und passt somit eigentlich nicht an den Diesel-motor. VW will wohl diese Motor/ Getriebe-Kombination nicht zulassen und hat deshalb einfach den Kupplungsdorn vorne an der der Glocke ungefähr einen guten Zentimeter länger gemacht. Ich schau mir das an und denke, das muss doch eigentlich auch passend zu machen sein.

Ich kaufe das Getriebe für teure 200 D-Mark, nehme mir ein Herz und die Flex und schneide den Dorn einfach um einen Zentimeter ab. Dann verschleife ich ihn anschließend eher alibimäßig etwas konisch, ohne zu wissen, ob das nicht eine tierische Unwucht in den Antriebsstrang bringt.

Ich habe Glück und die Konstruktion funktioniert nicht nur, sondern hält auch noch die 50.000 Kilometer, die ich den Bus fahren werde, zuverlässig. Diese Kombination mit dem schlappen 50 PS Motor lässt zwar keine Beschleunigungsarien zu, aber auf langen Strecken ist sie extrem Sprit sparend. Denn ich bin sehr niedertourig unterwegs.

Erst einmal fahre ich mit dem Bus jetzt nach Chemnitz, um unseren Umzug zurück nach Göttingen zu bewältigen und auch meine schwangere Frau zu transportieren. "Fahr mich nur über die Grenze, wenn das Kind kommen sollte. Ich will es hier im Osten nicht zur Welt bringen!", tönt sie und so fahre ich sie liegend und mit einem schweren Anhänger dahinter nervös und nach meinem Gefühl viel zu langsam zurück nach Göttingen. Überraschenderweise geht aber alles gut und der Nachwuchs kommt tatsächlich erst einige Tage später in Göttingen im Krankenhaus zur Welt.

Dann fahre ich noch einmal mit einem gemieteten Einachsanhänger mit Plane und einem Bekannten zurück nach Chemnitz. Wir wollen die restlichen Sachen aus der Garage holen, in der wir sie beim Auszug zwischengelagert haben.

Es ist doch noch mehr Zeug, als ich vorher gedacht habe. Der Anhänger ist jedenfalls nach dem Beladen sehr eng gepackt und bis unter die Plane komplett voll. Wahrscheinlich ist er auch ziemlich schwer. Denn ich merke schon beim Anfahren, dass er einiges wiegen muss, so träge wie der Bully anrollt.

Bei einem kleinen Imbiss stelle ich den Zug auf einer Wiese ab, die etwas bergab von der Straße liegt. Nach dem Essen will ich die leichte Steigung wieder hochfahren. Aber keine Chance! Auch mit etwas schleifender Kupplung schafft es der lang übersetzte Bully nicht, die Anhöhe mit dem Anhänger zu nehmen. Ich würge bei mehreren Versuchen jedes Mal den Motor ab. Was kann ich nun tun, überlege ich. Unser Problem ist ja, dass das Getriebe eigentlich nur zu lang für den 50 PS Motor übersetzt ist. Dann noch der schwere Anhänger, das ist einfach zu viel. Entweder lass ich jetzt den Anhänger stehen, was ich gar nicht möchte, oder eine andere Lösung muss her. Die fällt mir dann auch tatsächlich ein...

Ich brauche ja eigentlich nur einen kürzer übersetzten Gang. Und diesen habe ich doch als Rückwärtsgang! Ich probiere es und drehe das Gespann um. Dann schiebe ich den Anhänger rückwärts den Hügel hinauf. Es klappt sogar im ersten Anlauf. Wenn auch langsam, aber kontinuierlich schiebt sich der Anhänger den Hügel hoch, bis er endlich über die Spitze rollt und der Bus mit einem Ruck hinterherkommt. Den Rest der Tour nach Göttingen fahren wir dann ohne Probleme und laden noch in der Nacht den Anhänger aus. Dann am nächsten Tag wird erst einmal geheiratet.

Den Bus verkaufe ich dann später ziemlich genau bei Kilometerstand 250.000 für 4000 D-Mark. Dies ist leider eine Kilometermarke, bei der die baugleichen VW-Dieselmotoren in den „Caddys" des Kurierdienstes, bei dem ich während des Studiums nebenbei arbeitete, regelmäßig kaputtgingen. Auch bei meinem Bully gibt der Motor beim neuen Besitzer dann schnell den Geist auf, ohne dass sich das vorher abzeichnet. Zwar finden die Käufer das nicht toll, ich kann aber sagen, dass ich den Bus guten Gewissens verkauft habe. Denn man weiß nie, wann es bei einem alten Auto so weit ist, dass es zu einem kapitalen Schaden kommt. Wenn man sich trotzdem darauf einlässt, sollte man auch gut selbst schrauben können oder jemanden kennen, der das für kleines Geld für einen macht...

Zurück aus Chemnitz und nun als junger Familienvater muss ich mich schnell wieder um eine vernünftige Einnahmequelle kümmern. Ich fange erst einmal erneut in der Erwachsenenbildung an und muss fortan nun zwischen Northeim, Göttingen und Wolfsburg pendeln. Dazu brauche ich natürlich wieder ein Auto. Mit dem Bus, den ich in der letzten Zeit dazu benutzt habe, hat das gefühlt auch alles viel zu lange gedauert. Ich brauche etwas Sportlicheres.

1994 - Dozentenzeiten mit Porsche 924 und Moto-Guzzi SP 1000

Mittlerweile sind die gebrauchten Porsche „924" am Tiefpunkt ihres Wertes. Eine gute Gelegenheit für mich, eins der Objekte meiner Lehre jetzt günstig erstehen zu können.

Ich schaue mir einen blauen „924 Targa" an, der von der Karosserie her so schlecht ist, dass ich ihn eigentlich gar nicht kaufen will. Dafür werden vom Verkäufer aber auch nur 2500 D-Mark für ihn aufgerufen. Sein größtes Problem ist die große Heckscheibe, die gleich auch komplett als Heckklappe dient. Bei diesem Exemplar hängt sie nur noch lose im Rahmen und kann so jeden Moment wegfliegen. Festkleben hilft hier nicht, sondern nur ein kompletter Austausch. Der ist bei Porsche ja nun einmal bekanntlich sehr teuer. Eigentlich ist das Auto mit diesem Mangel also schon ein wirtschaftlicher Totalschaden.

Ich sage, was ich denke und dass er, wenn ich ihn doch nehmen sollte, maximal 1200 D-Mark kosten darf. Der Verkäufer akzeptiert diesen Preis überraschenderweise sofort und ich habe einen „924".

In der folgenden Woche kaufe ich noch einen günstigen Schlachtwagen für 300 D-Mark und montiere dessen Heckscheibe.

Die Fahrzeugreste des zweiten „924" kann ich schnell zum gleichen Preis an einen anderen bedürftigen Porschefahrer weiterverkaufen.

Damit habe ich dann einen sehr, sehr günstigen „924 Targa", mit dem ich nun die nächsten Monate regelmäßig die 150 Kilometer zwischen Braunschweig und Göttingen überbrücke und auch sonst viel Spaß habe. Kleinere Defekte kann ich selbst lösen und zum Abgaseinstellen fahre ich dreist einfach in meine ehemalige Lehrwerkstatt in Braunschweig, halte schnell den Rüssel des Abgasmessgerätes in den Auspuff und stelle den „924er" mit dem passenden Schlüssel fix ein, bevor mich der Meister vom Hof verjagen kann.

Den „924" fahre ich solange, bis es sich ergibt, dass ich mich wieder einmal für ein Motorrad interessiere. Eine rot-silberne Moto Guzzi „SP 1000", Baujahr 1972 steht in der Nähe von Oldenburg. Ich bitte meine Exfreundin Ronda um Hilfe, um dieses Motorrad abholen zu können. Sie ist von dem „924er", mit dem ich vorfahre, restlos begeistert und ich verkaufe ihn ihr sogleich „kostenneutral" weiter. Dann fahre ich einfach mit der Guzzi nach Hause, denke ich. Es wird jedoch eine Tour, die ich mein Leben lang nicht vergessen werde.

Die Guzzi hat ja einen rau laufenden 2 Zylinder „V-Motor". Die Anbauteile bestehen zu großem Teil aus billigem Hartplastik. Trotzdem verwundert es mich schon, als ich bereits auf Höhe Hamburg, genauer in Neugraben, plötzlich keine festen Schalter und Griffteile rechts am Lenker mehr sehen kann. Alles hat sich ab vibriert und hängt nun lose herum.

Nur mit schnell im Baumarkt gekauften, reichlich verwendetem Klebeband kann ich die Bauteile erst einmal so zusammenflicken, dass ich sie vor dem Abfallen retten kann. Die Guzzi bringe ich so mit mehreren „Bastel-Stops", mühselig nach Hause. Den Spaß habe ich so schon nach dieser einen Fahrt an ihr verloren. Wenn es hochkommt, fahre ich mit der Guzzi in der Folge 500 Kilometer in zwei Jahren, bevor ich sie ohne großen Verlust und ohne Wehmut weiterverkaufe.

Zwischenzeitlich verlangt die Familie einen tauglichen Kombi. Der Kinderwagen will ohne Probleme verladen werden, denn im Mai 1996 kommt meine erste Tochter zur Welt. Nun sind es schon zwei Kinder.

Ich entscheide mich für einen weißen 1982er „Mercedes 300 TD". Also den Turbodiesel mit einer blauen Veloursausstattung und ehemals aufpreispflichtiger Servolenkung. Ein tolles Auto, das so souverän fährt und auch nur 2800 D-Mark kostet. Außerdem hat er Platz ohne Ende. Wir verlieren zwar einmal den Auspuff auf der Autobahn, aber ansonsten ist es ein äußerst zuverlässiges Fahrzeug.

Von einem Lehrling lasse ich noch die Roststellen an den Radläufen und an der Heckklappe beseitigen. Dann ist eigentlich alles prima und ich bin sehr zufrieden mit dem Benz.

Nach einigen Monaten kommt jedoch das schwachsinnige deutsche Parlament auf die Idee, dass die vorher so schadstoffarm gepriesenen Diesel plötzlich die Schuldigen der Nation sind und stuft sie deshalb steuerlich innerhalb von kürzester Zeit auf den dreifachen Steuersatz ein. Jetzt kostet der „300 TD" plötzlich über 1200 D-Mark Kraftfahrzeugsteuer im Jahr. Das ist deutlich zu teuer für die paar Kilometer, die wir mit dem Auto fahren. Natürlich fallen plötzlich auch die Preise für gebrauchte Diesel sehr. Ich ärgere mich zwar, aber es hilft ja nichts. Deshalb verkaufe ich den „300 TD" für nur noch 1800 D-Mark an einen Weißrussen, der mir sogar die Kennzeichen nach der Überführung in sein Heimatland wiederbringt. Puah! Glück gehabt, das die nicht verschwunden sind.

Durch einen Zufall läuft mir jetzt ein für die Familie günstiger, relativ junger, „baroloroter Mercedes 230 TE W124", Baujahr 1986 bei einem Händler für 6000 D-Mark über den Weg. Nun ist die Familie wieder zufriedengestellt und meine spätere Exfrau braucht den großen Benz, um täglich zum Kindergarten zu fahren. Ich muss aber zu dieser Zeit jeden Morgen nach Hannover reinfahren, um meine Arbeitsstelle aufzusuchen. Das ist mit der Bahn - nach nur einem Versuch - für mich eine einzige Katastrophe durch die schlechte Verbindung.

Ich besorge mir also für 1750 D-Mark zusätzlich einen sehr schön erhaltenen, aber auch schon alten Mercedes „190E", Baujahr 82 in „silberdistelgrün", der etwas tiefer gelegt und mit Schiebedach versehen ist. Er fährt prima, hat aber sonst keinerlei Extras, wie damals allen Ortens so üblich.

Ich lasse dann aus dem freien Zubehör wenigstens noch nicht originale, elektrische Fensterheber für kleines Geld montieren und bin so happy mit dem Auto. Es überrascht mich, wie spritzig dieser „Babybenz" fährt und wie wenig Sprit er dabei braucht. Er macht mir ganz viel Spaß.

Mit diesen beiden Autos und mittlerweile einem Sohn und einer Tochter sind wir nach Steinhude gezogen.

Auch ein Segelhafen ist hier ganz in der Nähe von unserem gemieteten Haus. Ich gucke manchmal sehnsuchtsvoll auf die vielen Segelboote am Wochenende. Außerdem wird genau gegenüber unserem Grundstück auch eine dunkelblaue „Klepper FAM" auf einem völlig verrotteten Trailer angeboten, die dort bereits seit fast einem Jahr zum Verkauf steht. Ich sehe sie immer wieder interessiert an. So geht das viele Monate lang.

Bis zu dem Tag, an dem plötzlich ein Interessent auf dem anderen Grundstück steht und sich die FAM mit einem Nachbarn genauer ansieht. Er scheint zum Kauf entschlossen.

Letzte Chance, denke ich erschrocken, rufe die Nummer des Verkäufers an und kaufe das Boot am Telefon, bevor der Interessent zuschlagen kann. Bis zu unserem Umzug nach Cuxhaven habe ich nun auch ein Segelboot, mit dem ich aber trotzdem nur wenige Meter selbst segele, aber dafür glücklich über das Eigentum im Hafen bin.

Weniger Spaß machen mir jedoch die regelmäßigen Pflichtstunden im Jachtclub dabei, wie Rasenmähen oder Stege Bauen.

Dann verkaufe ich das Boot auch wieder ziemlich plus minus null, als wir umziehen. Ich trage es mit einem lachenden und einem weinenden Auge. Bis heute bin ich danach auch selbst nicht mehr gesegelt.

1998 - Hannover–Stuttgart mit Suzuki Alto und Citroen BX

Inzwischen habe ich die Möglichkeit ergriffen, einen Job in unserer Firmenzentrale anzunehmen. Dazu muss ich erst einmal eine Zeit zur Einarbeitung nach Stuttgart. Danach ist der Einsatz für mich in Berlin vorgesehen. Meine damalige Ehefrau überredet mich, da mit der Bahn hinzufahren und den „190 E" zu verkaufen. Das mache ich auch widerstrebend und gebe das Auto an einen Studenten für 1500 D-Mark ab. Ich kann ja so schön entspannt am Wochenende auch mit der Bahn dann zurück nach Steinhude kommen, meint sie...

Ich fahre die Strecke genau einmal mit der Bahn. Dann reicht es mir! Die Bahn ist nervig, unzuverlässig und das Fahren mit ihr ist für mich entsetzlich langweilig. Ich will so schnell wie möglich meine Unabhängigkeit zurück! Obwohl wir gerade auch auf die Finanzen gucken müssen als junge Familie, mache ich meiner damaligen Ehefrau im Gespräch am Wochenende klar, dass man auch genauso billig wie die Bahn, mit dem Auto nach Stuttgart fahren kann. Dazu benötigt man nur ein Auto, das sehr kostengünstig in der Anschaffung UND im Unterhalt ist. Die Lösung ist für mich ein „Suzuki Alto", Baujahr 80. Der ist zwar ziemlich runtergeritten, aber mit fast zwei Jahren TÜV kostet er auch nur 450 D-Mark. Außerdem braucht er aufgrund seines kleinen Dreizylindermotors wenig Sprit und ist billig in Versicherung und Steuern.

Ich kaufe den Suzuki, darf ihn allerdings nicht auf unserem Hof parken, weil meine „Noch Ehefrau" sich so für das Auto schämt und es deshalb einfach verbietet. Ich kann jedoch wieder frei fahren.

Meine zwei Kinder lieben das Auto und fahren gerne mit.

Ich lege mit dem Suzuki die Strecke nach Stuttgart einige Male zurück. Dann bin ich die kleine treue Kiste trotzdem leid. Die Höchstgeschwindigkeit ist mir mit etwas über 120 km/h bei der Distanz doch zu gering und meine Reisen sind damit einfach zu lang.

Ich verschenke den „Alto" an einen Freund und kaufe mir bei einem Markenhändler in der Nähe von Stuttgart endlich wieder einmal einen Citroen.

Es ist ein weißer „BX" Diesel aus Baujahr 1984 für 2000 D-Mark glatt. Er ist recht gut erhalten und ich handele noch gratis vor der Übernahme den Einbau eines Rußpartikelfilters aus.

Mit dem „BX „fahre ich auch einige Male nach Steinhude zum Wochenende hin und auch in Stuttgart wochentags herum.

Leider braucht der Citroen ziemlich viel Öl. Ich reklamiere das noch nachträglich beim Händler und dieser füllt dann ein „Spezialöl" ein, was den Ölverbrauch tatsächlich kurzfristig deutlich senkt. Ich bin aber trotzdem nicht ganz zufrieden mit dem BX. Irgendwie hat er nicht das „echte Citroen Flair" wie ein „CX" oder eine „DS". Ich fahre ihn mehr oder minder gezwungenermaßen, weil ich ja nun schon so viel Aktion für ihn gemacht habe.

Wintercamping im Wohnwagen in Potsdam und Mercedes 300 TE Sportline

Bevor die Stuttgarter Einarbeitungszeit nun bald herum ist und auch die Firmenzentrale nach Berlin verlegt wird, muss ich mir langsam einen Zweitwohnsitz in Berlin suchen. Deshalb steht auch mein Umzug mit dem Citroen „BX" dorthin an.

Bevor ich jedoch diese Tour mache, bekomme ich von unserer Firma noch ein größeres Geldgeschenk zum Umzug. Davon gehe ich erst einmal auf die Suche nach einem schönen Familienauto. Dies soll in erster Linie meine damalige Frau in Hannover nutzen mit den mittlerweile drei Kindern. Im November 1998 hat sich nämlich noch eine zweite Tochter dazu gesellt.

Ich habe schnell einen schwarzen Mercedes W124 im Auge, der in Reutlingen steht. Es handelt sich um einen „300 TE" „Sportline" in fast kompletter Vollausstattung aus zweiter Hand, gefahren von einem Porsche Werksmitarbeiter. Der Wagen hat zwar schon 290.000 Kilometer auf der Uhr und ist Baujahr 1990, aber inseriert wird er als „Zustand wie Jahreswagen". Er soll noch 27.500 D-Mark kosten. Ich schau ihn mir an und bin begeistert. Zu den üppigen Mercedes Sonderausstattungen hat er zusätzlich noch verchromte Felgen der Firma „OZ" mit Breitreifen und dem optisch auffälligen Schraubendekorkranz aufgezogen, was ihm noch einen edleren Eindruck verschafft.

Aufgrund des hohen Kilometerstandes finde ich das Auto aber zu teuer und so vergehen erst einige Verhandlungsrunden mit mehreren Besuchen beim Verkäufer, bis ich ihn doch für nur noch 22.450 D-Mark mitnehmen kann. Dabei feilschen wir um die letzten 50 D-Mark so intensiv, dass der Deal fast noch gescheitert wäre.

In den nächsten vierzehn Tagen soll es im Spätsommer 1998 jetzt also nach Berlin für mich gehen, um am Potsdamer Platz zu arbeiten.

Mit meinem Kollegen und Freund Andy habe ich schon im Vorfeld über die Wohnungssituation in Berlin gesprochen. Schließlich haben wir beide noch unsere Familien im Raum Hannover. Ein Familienumzug ist auch mittelfristig nicht geplant. Denn keiner von uns beiden hat Bock auf teure, große Wohnungen in Berlin, ohne Auslauf für die Kinder.

Andy selbst hat aber einen großen Bürstner „City" Wohnwagen mit sieben Meter Aufbaulänge. Damit macht er mir alternativ zur Wohnung das Campen in Berlin schmackhaft.

Ich leihe mir erst einmal in Hannover einen kleinen Hobby Wohnwagen und ziehe ihn das Wochenende vor dem „Berufsantritt" in Berlin mit dem „300 TE" rüber. Dort will ich mich mit Andy und seinem Bürstner auf dem ausgesuchten Campingplatz in Potsdam am Templiner See treffen, um uns häuslich niederzulassen. Es klappt gut und in der Folgewoche fahre ich nur noch einmal kurz nach Stuttgart mit dem BX, um dort „die Zelte abzubrechen" und mit meinen restlichen Habseligkeiten aus dem Hotel direkt nach Berlin umzuziehen.

Donnerstag fahre ich zeitgleich mit etlichen Kollegen aus Stuttgart nach Berlin los und komme prompt in mehrere Staus. Komischerweise geht jedes Mal, wenn wir stehen, die Ladekontrollleuchte an. Und dann, wenn der Verkehr wieder läuft, sofort wieder aus. Ich halte auf mehreren Rastplätzen an, kann den Fehler aber nicht genau lokalisieren. Im Kühler fehlt Wasser, was ich nachschütte. Aber damit ist es nicht getan. Dem Auto fehlt schlicht eine einfache Wassertemperaturanzeige, wie ich später feststelle. Zunächst glaube ich jedoch, dass nur die Lichtmaschine kaputt ist, was sich aber als fataler Irrtum herausstellt.

Kurz vor Berlin steht der „BX" dann kochend an der Seite, weil ich den defekten Thermozeitschalter des Kühlerventilators nicht bemerkt habe und nun der Motor kaputt ist. Mein Kollege, der mich mit seinem Benz begleitet hat, schleppt mich abends noch zur nächsten „Citroen Werkstatt". Nach Rücksprache mit dem Meister gebe ich das Auto am nächsten Tag zur Verschrottung ab. Immerhin bekomme ich nach zähen Verhandlungen zumindest noch 120 D-Mark für den nachgerüsteten KAT. Kein besonders gutes Geschäft alles in allem in diesem Fall.

Nun beginnt jedoch eine lustige Zeit mit Andy auf dem Campingplatz, wenn wir abends von der Arbeit kommen.

Noch im Anzug mit Krawatte gehen wir auf den Platz, zwischen den Urlaubern in Badehose durch, um uns dann in Windeseile umziehen, und dann auch in unseren Liegestühlen abzuhängen.

Nur dauerhaft kann ich ja nicht im geliehenen Wohnwagen leben. Lose schaue ich mich nach guten gebrauchten Wohnwagen um, die es auch in Berlin schon sehr günstig gibt. Natürlich sind die, die ich da auftue, meiner damaligen Ehefrau mal wieder alle nicht gut genug...

Und so kaufe ich auf ihren Wunsch hin doch einen, für mich allein, eigentlich viel zu großen Wohnwagen - einen nur einjährigen „Hobby 650 Exquisit KFE" - für ein „Schweinegeld" in Kleinmachnow. Ich trau mir kaum zu, den „Kracher" überhaupt durch die Stadt zu ziehen. Und so holt der wohnwagenerfahrene Andy ihn für mich ab. Aber auch er kriegt den „Hobby" kaum rangiert auf unserem Campingplatz und eckt erst einmal an einem Baum an. Das ist aber nicht so schlimm und kaum zu sehen.

Dann stellen wir den „650 KFE" mit dem Wagen von Andy zusammen zu einer Wagenburg. Wir beide haben so eine tolle Zeit im Spätsommer und Herbst.

Der Winter ist aber auch interessant. Schließlich ist der Campingplatz geschlossen und nur wir haben einen Schlüssel vom Platzbesitzer erhalten, um als einzige Dauercamper auszuharren. Der Winter 1998/99 hat ziemlich viel Schnee und es ist auch „sau" kalt. Es dauert dann jeweils eine gute Zigarettenlänge, wenn wir abends kommen und die Heizung im Wohnwagen anstellen, bis wir aus dem Vorzelt in den dann heimelig warmen Wohnwagen eintreten können. Nur nachts, wenn die Gasflasche gerade wieder einmal aufgebraucht ist, die Heizung nur noch klackert und es zunehmend kalt wird im Wohnwagen, muss man sich doch erst einmal aufraffen und die Klamotten überschmeißen, um draußen die Gasflasche im Flaschenkasten zu wechseln. Trotzdem ist es eine sehr schöne Zeit, die ich niemals missen möchte. Die Freundschaft, die sich hier mit meinem Kollegen ergeben hat, hält auch bis heute, auch wenn er dann 1999 in ein „ziviles Haus" in Berlin gezogen ist und ich in eine normale Wohnung in der Friedrichstraße, ganz nah am Potsdamer Platz.

1999 – Berliner Zeiten mit VW Golf 2, Mercedes-190D, Porsche 911, MBK 125 scooter und „Bonsai Ferrari" Toyota MR2

In dieser Zeit hat Andy dann in Erfahrung gebracht, dass nun der Gesetzgeber plötzlich erlaubt, dass man mit dem normalen Führerschein „drei" auch Motorräder bis 125 ccm fahren darf. Ich finde das lustig und gemeinsam gehen wir wieder einmal auf die Jagd. Gut, da ich ja den regulären Führerschein „eins" habe, könnte ich auch größere Bikes fahren, aber für die paar Meter zu meiner Arbeitsstelle finde ich so ein kleines Gerät auch witzig. Andy kommt dann mit einem neuen 125er Yamaha „Chopper" um die Ecke und für mich fällt auch bald ein ebenfalls neuer 125er „MBK Motorroller" ab, auch mit Yamaha Triebwerk. Diesmal haben wir beide neu gekauft, da zu dieser Zeit die Zinsen schon stark am Fallen sind und wir uns einen Spaß daraus machen, mit den Verkäufern die Rahmenbedingungen so lange auszuhandeln, bis wir fast ein Sparbuch statt eines Ratenvertrages in der Tasche haben.

Den Roller besitze ich dann gut fünf Jahre. Vielmehr als 5000 Kilometer kommen aber nach einer intensiven Anfangszeit dann doch nicht zu Stande und so verkaufe ich ihn 2005 endlich an eine Freundin meiner, mittlerweile neu kennengelernten, zweiten Frau für 850 Euro.

Soweit ist es aber noch lange nicht. Ich bin ja gerade erst 1998 in Berlin mit dem defekten „BX" angekommen. Natürlich brauche ich schnell wieder ein anderes Auto. Ich fahre am Freitag mit Andy nach Steinhude zu meiner Familie. Am Wochenende schau ich dann in unserem „Wochenblättchen" nach etwas Solidem, Günstigen. Und bequem soll es sein. Ich finde einen „Golf II 1,6" aus zweiter Hand mit einem Jahr TÜV in Blausilber-metallic, Baujahr 86 und mit Automatik! Ich kaufe ihn nach kurzer Probefahrt für 1200 D-Mark.

Nun sind die vielen Staus auf der damals mit „zig" Baustellen versehenen A2 kein Problem mehr. Mit der Automatik fahr ich einfach jedes Wochenende locker da durch und komme entspannt auf unserem Campingplatz an. Ok, ein bisschen viel Sprit braucht der „Golf" schon. Unter zehn Litern kriege ich ihn kaum. Und das summiert sich dann unter der Woche doch als nicht so schöne Rechnung. Schließlich fahren wir zwar in Fahrgemeinschaft morgens von unserem Campingplatz in Potsdam zur Arbeit am Potsdamer Platz in der Innenstadt von Berlin, aber gut 100 Kilometer kommen da pro Tag trotzdem schon zusammen, plus die 600 am Wochenende hin und zurück nach Hannover...

Einige Wochen ist so zumindest aber mal Ruhe. Dann „sticht mich wieder der Hafer" und ich fange an, zu grübeln.
Es reizt mich doch nicht auf Dauer, ein so langweiliges Auto wie einen „Golf" zu fahren.

Vor allem dann nicht, wenn man mit dem Spritverbrauch eigentlich dafür sehr wohl auch etwas Netteres, Größeres bewegen kann. Ich erinnere mich an den Wahlspruch aus meiner Studienzeit: „Hubraum ist durch nichts zu ersetzen außer durch mehr Hubraum!" Und irgendwie reizt mich ja sowieso schon seit meiner frühesten Jugend ein Porsche „911". Ich finde, es ist Zeit, jetzt einmal einen zu suchen und warum dann nicht auch gleich kaufen, wenn er passt?

Nach Feierabend fahre ich in der nächsten Woche in Berlin in die Porsche Niederlassung am „Kuhdamm". Die haben auch tatsächlich etwas Passendes im Keller stehen.

Ein sogenanntes „911 G-modell", Baujahr 86 für rund 29000 D-Mark. Er sieht gut aus, nur gefällt mir nicht so ganz, dass der Verkäufer von einem kapitalen Unfallschaden spricht, der jedoch „nach original Porsche Richtlinien" beseitigt wäre. Da ich ja nun selbst auf diesen Autos den Beruf des Kfz-Mechanikers gelernt habe, weiß ich schon, was das bedeutet. Vor allem aber dürfte es beim Wieder-Verkauf einen massiven, finanziellen Verlust mit diesem Auto für mich geben. Ich beschließe, doch noch etwas weiterzuschauen.

Am nächsten Wochenende fahre ich durch Zufall an meinem ehemaligen Lehrbetrieb in Braunschweig vorbei und blicke in den „showroom" von der Straße aus. Potzblitz, was ist das da zwischen all den Neuwagen?! Ich schmeiße sofort „den Anker" raus.

Steht da doch tatsächlich im Ausstellungsraum zwischen den aktuellen Modellen ein alter „911" in grau-blaumetallic, etwas abgeschrammt und ohne Preisschild...

Montag rufe ich gleich an. Es stellt sich heraus, dass es sich tatsächlich um ein Auto handelt, das zwar scheckheftgepflegt ist, aber durch den nicht optimalen Lack eigentlich nur an Händler verkauft werden soll. Mit „Engelszungen" und aufgrund meiner Porschevergangenheit in diesem Hause eise ich den „911er" los und kann ihn einige Tage später für 25000 D-Mark abholen. Er ist aus Baujahr 88 und da meine Ex-Kollegen das Auto für mich eh noch einmal auf der Bühne durchchecken, kann ich auch gleich noch den gerade fälligen Inspektionsstempel fürs Scheckheft aushandeln.

Ich fahre das Auto dann genau 20000 Kilometer ohne Probleme, bis auf einen defekten Blinker-Schalter, den ich aber selbst zerlege und kostenlos mit einer Feile reparieren kann. Verkaufen kann ich ihn dann für 27500 D-Mark an einen Zahnarzt in Hannover, der ein „biederes Alltagsauto" braucht. Er hat selbst einen „Carrera", Baujahr 76 und auch noch einen „911 Turbo", möchte sich allerdings mit diesen beiden „teuren Exoten" nicht bei seinem Zuliefer-Zahnlabor sehen lassen. Die könnten ja glauben, er wäre reich, sagt er, und so kommt ihm mein „einfacher" „911er" als „Dailydriver" gerade recht.

Eigentlich verkaufe ich das Auto sehr, sehr ungern. Es macht immer noch Spaß und die Unterhaltskosten sind erstaunlich gering.

Meine damalige Ehefrau hat sich aber zwischenzeitlich in den Kopf gesetzt, eine Frühstückspension in Cuxhaven zu kaufen. Für die Bank kommt ja nun bekanntermaßen bei der Kreditbeantragung ein auch nur über die Bank finanzierter Porsche gar nicht gut. Also trenne ich mich leidvoll von ihm und schau wieder einmal nach etwas Günstigem und „Seriösen".

Außerdem ist eine neue Jagd nach einem Auto immer wieder spannend. Bei meinen abendlichen Spaziergängen in Berlin Ende 1999 gehe ich auch öfter mal über den „Polenmarkt" in Kreuzberg. Hier stehen viele unterschiedliche Autos mit niedriger Preisauszeichnung und meist nur einer Handynummer einfach an der Straße.

Ein etwas heruntergerittener silberner Golf II „TD" weckt meine Aufmerksamkeit. Er soll nur 600 D-Mark kosten und hat noch ein Jahr TÜV. Ich werde mit dem Verkäufer bei 500 D-Mark handelseinig und fahre mit dem noch angemeldeten Auto am Wochenende nach Cuxhaven. Dort komme ich jedoch nicht mal an, da kurz hinter Hamburg das Gasgestänge plötzlich festhängt und der Motor unaufhaltsam hochdreht. Bevor ich ihn durch den Zündschlüssel auf dem Standstreifen absterben lassen kann, ist der Motor schon überdreht und unweigerlich verschieden. Ich lasse den „Golf" abschleppen und verscherbele das Auto noch an einen Osteuropäer für 200 D-Mark.

Das war ja nun leider ein sehr kurzes und weniger erfolgreiches Gastspiel. Aber man kann ja auch nicht immer gewinnen...

In der Folgewoche will ich deshalb einmal wieder auf „Nummer Sicher" gehen und schaue in die seriöse Berliner Zeitung. Unter der Rubrik „Mercedes" sehe ich einen „190 D" Automatik aus zweiter Hand für nur 2800 D-Mark. Ich schaue mir das mausgraue Auto an und fahre es auch Probe. Es fährt gut und der türkische Mitbürger versichert mir, dass es immer nur im Familienverbund unterwegs gewesen sei. Bei 2400 D-Mark werden wir uns handelseinig. Ich fahre am Wochenende zufrieden damit nach Cuxhaven.

Wenn da nur nicht diese komischen Schaltpausen wären... Das Automatikgetriebe schaltet einfach nicht sauber. Nächste Woche bringe ich das Auto deshalb in eine günstige freie Autowerkstatt in Berlin, speziell für Taxis und deren Automatikgetriebe. Hier stellt sich heraus, dass mein Getriebe bereits demontiert war und dass es danach auf das Übelste mit roter Dichtmasse und Gewalt wieder zusammengeschraubt wurde. Die Reparatur kostet mich stolze 1300 D-Mark. Dann fährt der „190 D" aber auch wieder richtig.

Richtig fahren heißt aber deshalb trotzdem nicht richtig schnell fahren, gar kein Vergleich zu meinem früheren „190 E" Benziner. Nein, eher zu vergleichen mit meinem gemütlichen „319 D" Panoramabus. Das macht ja überhaupt keinen Spaß mit den 72 PS und dem Temperament einer Schlaftablette zu fahren. Ich beschließe, der „190 D" muss schnell wieder weg!

Daher inseriere ich ihn ebenfalls in der seriösen Berliner Zeitung und zwar nun für stolze 4000 D-Mark Verhandlungsbasis. Ich finde tatsächlich ein Pärchen, bei dem die Frau ihn nach kurzer Probefahrt und wenig Handeln für 3900 D-Mark mitnimmt. Glück gehabt und sogar noch einen kleinen Gewinn gemacht!

Nachdem ich nun gerade weder mit dem letzten sportlichen Turbodiesel-Golf, noch mit dem biederen Mercedes Saugdiesel wirklich Glück gehabt habe, schau ich mal wieder nach etwas „Exotischerem".

Während meines Studiums hatte ein Bekannter einen Toyota „MR2". Da bin ich einmal mitgefahren und fand das Auto einfach - „Klasse". Jetzt sehe ich also in die Kleinanzeigen und finde tatsächlich einen ähnlichen Wagen in Berlin „Henningsdorf". Der rote „MR2" ist Baujahr 82 und soll noch 2800 D-Mark kosten. Da ich gerade einen Firmenwagen für eine Reise habe, fahre ich auf dem Rückweg dort sofort vorbei und bin auch bei der Probefahrt diesmal wieder von dem Auto voll begeistert. Trotzdem wird natürlich gehandelt. Außerdem hat er noch keinen Katalysator und damals fängt gerade die Hysterie an, dass „KAT-lose" Autos wegen der hohen Steuern eigentlich wertlos seien. Ich halte das zwar für Schwachsinn, argumentiere aber natürlich trotzdem entsprechend und einige mich mit dem Verkäufer auf 2500 D-Mark. Außerdem lasse ich den „MR 2" dafür auch noch vom Verkäufer an meine Adresse in Berlin anliefern.

Das Auto macht richtig Spaß und ich bin meistens auch ziemlich zügig damit unterwegs.

Eines Abends habe ich noch schnell meine Eltern in Salzgitter besucht, um danach weiter nach Berlin zu fahren. Bei Braunschweig auf der A 39 erwischt es mich dann. Ich sehe die 80 km/h Beschränkung nicht und wundere mich, warum der Verkehrsteilnehmer vor mir mit 110 km/h dahin schleicht. Also überhole ich ihn mit gut 120 (es waren dann wohl wirklich 132...) und ich verliere erst einmal den Führerschein für vier Wochen. Das ist nicht lustig, aber ich überbrücke die Zeit mit Bus und Bahn widerwillig.

Eigentlich durch diese Erfahrung geläutert, sammle ich trotzdem auch in der Zukunft weiter immer mal wieder unschöne Punkte in Flensburg. Für einen Außendienstler ist das aber auch kaum zu vermeiden bei den Strecken, die er zurückzulegen hat. Aber dazu später mehr...

Den „MR2" fahre ich jedenfalls gut zwei Jahre mit einer kurzen Unterbrechung und die kommt so...

Obwohl ich mit dem „MR2" total glücklich bin, ist da plötzlich ein nicht auszuschlagendes Angebot. Mein Kollege Gisbert, der generell selbst ein bisschen unsicher beim Verkaufen ist hat seinen dunkelrot-metallic farbigen VW „Corrado VR6" mit spezialgetunter Maschine aus erster Hand über.

Als angehender Familienvater muss er sich stattdessen auf Wunsch seiner Frau einen biederen Mercedes „180 C" Jahreswagen kaufen. Was für ein schlechter Tausch für ihn aus meiner Sicht.

Aber die Leute sollen ja ruhig tun, was sie nicht lassen können. Insbesondere dann, wenn es dadurch auch noch zu meinem Vorteil ist...

Ich kann also den wirklich gut erhaltenen, Scheckheft gepflegten „Corrado" für nur 800 D-Mark schießen.

Gleichzeitig ist noch ein anderer Kollege Schorsch, total heiß auf einen Toyota „MR2", dank meiner Erzählungen. Ich beschließe, ihm meinen „MR2" einfach erst einmal nur zu leihen und selbst zu sehen, ob ich mit dem „Corrado" wirklich glücklich werde. Das mit dem „nur verleihen" ist dann auch gut so. Denn ich werde mit dem VR 6 überhaupt nicht warm. Sowohl vom Fahrwerk her, als auch von den relativ hohen Verbrauchswerten, kann der „Corrado" dem „MR2" bei weitem nicht das Wasser reichen. Ich will das Teil also so schnell wie möglich wieder loswerden.

Daher inseriere ich ihn umgehend in einer Zeitung und kann ihn tatsächlich schon in der nächsten Woche für 3000 D-Mark an einen Händler aus Schweden losschlagen! Dazu muss ich aber auf dem Weg von Cuxhaven nach Berlin das Auto in Bremen auf einem Parkplatz übergeben und dann mit der Bahn weiter nach Berlin fahren.

Etwas viel Lauferei und Umstand, aber bei dem guten finanziellen Schnitt kann ich das verschmerzen.

Am nächsten Abend hole ich sofort meinen geliebten „MR2" von Schorsch zurück. Den Kollegen lasse ich aber auch nicht „im Regen stehen", sondern fahre mit ihm noch in der gleichen Woche zu einem in der Berliner Zeitschrift „Sperrmüll" inserierten schwarzen „MR 2 T-Bar" mit ganz wenig Kilometern und in sehr gutem Zustand, den er dann auch günstig erstehen kann. So sind wir beide rundum glücklich.

2001 – die Dienstwagenära

Wir schreiben nun das Jahr 2001. Ich bekomme die Chance, für die Firma jetzt als Außendienstmitarbeiter nach Mannheim zu gehen. Fortan habe ich auch die Berechtigung, dauerhaft Firmenwagen mit Tankkarte auch zur privaten Nutzung zu fahren.

Deshalb verkaufe ich ziemlich wehmütig doch erst einmal mein letztes, privat finanziertes Auto. Der „Toyota MR2" geht schweren Herzens an einen Rentner in Cuxhaven und ich steige auf eine neue grüne „Mercedes E-Klasse" Limousine aus dem Werksbestand um.

Es folgen in den nächsten Jahren diverse „E-Klassen, C-Klassen, SLKs, Smarts und Vianos", wie man der beiliegenden Liste im Anhang entnehmen kann. Es beginnt mit der „E-Klasse" in grünmetallic, die sich ja gerade schon im Lager befindet und nicht extra gebaut werden muss, weswegen ich sie sofort übernehmen kann. Fortan fahre ich dabei die Mercedes PKW jeweils drei Monate oder circa 20.000 Kilometer. Die Smarts sollen nur rund 10.000 Kilometer auf die Uhr bekommen, bevor sie weiterverkauft werden, und die Transporter dürfen ruhig ein gutes Jahr alt werden. Bei ihnen spielt die Kilometerleistung dabei auch keine Rolle mehr und so kommen hier eben auch besonders viele Kilometer pro Fahrzeug zusammen.

Die Dienstwagen Aufstellung ist auf der nächsten Seite dazu von 2001 bis heute (man beachte dabei die von der Firma meist vorgegebene „tolle" Farbvielfalt...):

	Typ	Farbe	Ab
1	MB E 220 CDI	Grün	31.08.2001
2	MB C180	Schwarz	13.11.2001
3	MB SLK 200K	Silber	08.03.2002
4	MB SLK 320	Silber	27.05.2002
5	MB SLK 320	Silber	31.07.2002
6	MB C 200 K	Silber	11.09.2002
7	MB A170 L CDI	Schwarz	10.12.2002
8	MB C 220 CDI Sportcoupe	Silber	06.03.2003
9	MB C 220 T CDI	Schwarz	18.06.2003
10	MB C 220 T CDI	Silber	25.09.2003
11	MB C 220 T CDI	Schwarz	01.12.2003
12	MB C 200 K	Silber	28.01.2004
13	MB E 220 T CDI	Silber	18.03.2004
14	MB ML 270 CDI	Silber	08.06.2004
15	MB E 220 T CDI	Silber	05.10.2004
16	MB E 220 T CDI	Schwarz	11.01.2005
17	MB E 220 T CDI	Silber	21.04.2005
18	Smart 451 Coupe	Weiß	26.07.2005
19	Smart 451 Coupe	Schwarz	02.09.2005
20	Smart 451 Coupe	Rot	15.10.2005
21	MB C 200 T CDI	Silber	01.12.2005
22	Smart forfour 1,3	Silber	18.04.2006
23	Smart forfour CDI	Weiß	29.08.2006

24	Smart forfour CDI	Grün	25.11.2006
25	MB Vito 112 CDI	Lila	21.03.2007
26	Smart forfour 1,1	Schwarz	12.02.2008
27	MB E 200 T CDI	Silber	02.06.2008
28	MB E 200 CDI	Grau	16.09.2008
29	MB E 280 CDI	Silber	18.12.2008
30	MB A 160 CDI	Silber	23.04.2009
31	MB A 180 CDI	Blau	18.08.2009
32	MB B 180 Benziner	Schwarz	20.10.2009
33	MB A 160	Silber	16.03.2010
34	MB Viano CDI 2.2	Silber	16.03.2011
35	MB Viano CDI 2.2	Blau	24.04.2012
36	MB Viano CDI 2.2	Silber	12.08.2013
37	Viano CDI Marco Polo	Silber	12.06.2014
38	MB V-Klasse 2,2 CDI	Weiß	08.07.2015

Die ersten zwei Jahre meiner ab 2000 beginnenden Außendienstzeit habe ich ein Büro in Mannheim und eine kleine Wohnung in Schwetzingen. Unter der Woche fahre ich beruflich auch in dieser Region herum, um dann am Freitag jeweils zu meiner Familie nach Cuxhaven mit dem Dienstwagen hoch zu düsen und sonntags geht es wieder runter. Da sind allein an den Wochenenden jeweils 1300 Kilometer fällig und so komme ich in dieser Zeit besonders viel herum. Durchschnittlich 80.000 Kilometer kommen hier per anno mindestens zusammen.

Die dabei entstandene „Fernbeziehung" fordert so ab circa 2001 zuerst unmerklich, später jedoch immer deutlicher ihren Tribut. Gemeinsam mit der Familie in den Urlaub zu fahren, versuchen wir gar nicht mehr. Meine damalige Ehefrau muss für ihre „Frühstückspension" angeblich immer da sein und macht daraus „eine Riesenwelle". Ich habe die drei Kinder deshalb in den Urlaubszeiten komplett allein an der Backe, was mir eigentlich ganz gut gefällt. Dafür bin ich aber ja eben unter den normalen Wochentagen auch kaum da, weil ich schließlich in Mannheim arbeite und an den Wochenenden die Pension auch noch weiter ausbauen muss.

Um trotzdem etwas mehr von den Kindern zu haben, kaufe ich einen alten Bürstner „City" Wohnwagen, Baujahr 1986. Zuerst ziehe ich den tatsächlich für jeweils einige Tage oder Wochen auf diverse Campingplätze.

2002 stelle ich ihn für mehrere Jahre fest auf einem Campingplatz in „Sahlenburg" bei Cuxhaven ab. Dort kann ich insbesondere nach der schon überfälligen Scheidung die Wochenenden und den Urlaub mit meinen Kindern verbringen.

2010 verkaufe ich ihn wieder. Die Kinder sind nun erst einmal des Campens müde. Nach der langen Zeit kann ich sie auch gut verstehen.

Aber bis es soweit ist, noch eine kleine Auto-Anekdote vorher aus meiner Mannheimer Zeit.

Eines Tages, als ich nachmittags so in meinem Büro in Mannheim sitze und gerade hochkonzentriert irgendwelche Auswertungen von Potentialen irgendwelcher Autohändler mache, klingelt plötzlich das Telefon und meine aufgelöste damals „Noch-Ehefrau" ist dran: „Du glaubst es nicht! Aber ich glaube, unser Auto wurde gestohlen! Ich bin mir sicher, dass ich es gestern vor dem Haus abgestellt habe, und eben bemerke ich, dass es weg ist!"

Gemeint ist der schwarze „300 TE", den wir, bzw. meistens unter der Woche nur sie, nun schon gut drei Jahre gefahren, dabei weiter top gepflegt haben und eigentlich auch noch etliche Jahre fahren wollten. Jetzt ist er einfach vor der Haustür in Cuxhaven, trotz eigentlich gut funktionierender Alarmanlage, nachts gestohlen worden. Wie das trotzdem passieren konnte, habe ich später von der Polizei erfahren.

Die Diebe haben offenbar zuerst mit einem Tennisball an der Fahrertür knapp unter dem Türgriff mehrfach tagsüber über Wochen durch kurze, trockene Schläge, von allen Anwohnern unbemerkt, die Alarmanlage des Autos bewusst ausgelöst. Der Lärm nervt natürlich nicht nur die Nachbarn, sondern auch uns. Ich bringe den Wagen deshalb nicht nur einmal in eine autorisierte Mercedes Werkstatt vor Ort.

Die Mechaniker reparieren mehrfach wild herum, kapieren aber nicht, was hier eigentlich abgeht und dass die zukünftigen Diebe genau darauf bauen, dass irgendwann die Alarmanlage einfach ausgestellt wird, sodass das Auto damit nicht mehr geschützt ist.

Das Problem mit der losgehenden Alarmanlage taucht also in den nächsten Tagen nach den Abholungen aus der Werkstatt vor der Haustür jedes Mal nach kurzer Zeit wieder auf. Offenbar haben sich die Diebe dort mehrere Wochen auf die Lauer gelegt, um das Auto gezielt stehlen zu können. Ich schätze, dass beim dritten oder vierten Reparaturversuch diese „Profiwerkstatt" einfach die Alarmanlage dann tatsächlich stillgelegt hat. Denn am nächsten Morgen nach der Abholung aus der Werkstatt ist das Auto jedenfalls einfach weg. Besonders blöd, wenn es nicht einmal teilkaskoversichert ist.

Ich habe dann für die Familie wieder einen „300 TE" gekauft. Diesmal aber einen ziemlich runtergerittenen Brabus, der zwar ähnlich gut ausgestattet, jedoch bei weitem nicht in so gutem Zustand wie der erste „300 TE" ist.

Dafür kostet er aber auch nur noch 6000 D-Mark. Der bleibt dann, bis ich noch kurz vor der Trennung von meiner damaligen Frau einen der letzten neuen „W210", einen „280 TE 4-matic" in blauschwarz finde, den sie günstig kaufen kann. Das Auto kommt und ich selbst ziehe ab sofort endgültig aus nach Hamburg. Ich „haben fertig" mit Ex.

Noch bin ich ja aber in Mannheim und fahre selbst die Firmenwagen im schnellen Wechsel. Viele Menschen wären über die Gelegenheit, ständig neue Autos zu bekommen, sicherlich sehr erfreut gewesen. Über eigene Autoanschaffungen darüber hinaus würden sie sich sicherlich keine Gedanken mehr machen. Mir reicht das aber nicht zum „allein selig" machen. Diese neuen Autos sind zwar schön, aber irgendwie fehlt ihnen einfach die Seele von einem interessanten Gebrauchtwagen. Und außerdem kann ich so meinem Jagdinstinkt auch nicht mehr nachkommen, weil diese Beute durch simple Bestellung einfach viel zu leicht zu erlegen ist...
Spätestens also zu dem Zeitpunkt meiner ersten, nun definitiv gescheiterten Ehe und meinem vollständigen Auszug in Cuxhaven, kommt dann der Wunsch ganz stark auf, auch meine persönliche, individuelle Motorisierung wieder fortzusetzen.

2005 - Neuanfang mit BMW K100 und Porsche 964

Es ist ein schöner Spätsommertag, als mich ein Kollege aus Bayern in meinem neuen Heimatsitz Hamburg besucht. Wir fahren mit der S-Bahn an die Alster und sitzen abends in toller Umgebung mit dem Blick auf die Binnenalster in einem Biergarten.

Wir träumen beim gut gezapften Pils so vor uns hin und ich schildere ihm, welche finanziellen Sorgen ich grad habe. Aufgrund der immensen Unterhaltszahlungen, die ich zu dieser Zeit zu leisten habe, ist eigentlich kein Raum für irgendwelche privaten Späße von mir frei.

Gern würde ich mir zwar wieder einmal ein Motorrad zulegen, aber momentan sehe ich da keine Möglichkeit. Wenn es aber doch mal wieder geht, würde ich mich für eine BMW „K100" interessieren. Sie hat den Spitznamen „Flying Brick", also auf Deutsch „dem fliegenden Ziegelstein", aufgrund der Form des Vierzylinderreihenmotors. Mein Kollege meint dazu, dass eine „K100" doch gar nicht mehr so teuer wäre und dass die selbst für eine arme Sau wie mich, eigentlich erschwinglich sein müsste.

Wir träumen und diskutieren also ein bisschen so weiter vor uns hin und haben noch einen sehr spaßigen, lauschigen Abend an der Alster mit etlichen Bieren und einem traumhaften Blick auf das Wasser und die Schiffe.

Am nächsten Tag schaue ich, mittlerweile nicht mehr wie früher nur in der Zeitung, sondern nun auch schon im jetzt vorhandenen Internet nach. Tatsächlich, für nur 1600 Euro Verhandlungsbasis steht eine silberne „K100" in Osnabrück bei einem freien Motorradhändler drin. TÜV hat sie noch über ein Jahr und sie sei angeblich auch noch voll fahrbereit. Die Verkleidung sei zwar im unteren Drittel leicht eingerissen, weil sie mal einen „Umfaller" hatte, aber das stört mich, aufgrund des günstigen Preises, erst einmal wenig.

Ich düse am nächsten Wochenende hin und fahre sie, aufgrund ihres hohen Gewichtes, doch erst noch sehr unsicher Probe. Trotzdem bin ich begeistert und kaufe sie mit leichten Nachverhandlungen für 1400 Euro.

Auch das Klamotten-Equipment mit Motorradjacke und Hose bekomme ich noch etwas günstiger, als ausgezeichnet bei diesem Händler und den Helm kauf ich dann bei „Lidl" für ganz preiswerte 50 Euro. Mit der Maschine habe ich in den Folgejahren viel Spaß. Vor allem nachdem mein langjähriger Schrauber Freund Günther die „Umfallerverkleidung" ausgespachtelt und mit Sprühdose Silber nachlackiert hat. Obwohl er dazu einfaches Felgenspray verwendet, passt die Farbe sogar ganz gut zur Originallackierung.

Die Maschine steht nun im Sommer vor der Haustür meiner mittlerweile allein bewohnten Junggesellenwohnung in Hamburg und am Wochenende fahre ich damit auch regelmäßig nach „Sahlenburg" auf unseren Dauercampingplatz zu meinen Kindern, um dort Zeit in Ruhe mit ihnen verbringen zu können.

Nach einigen Monaten wendet sich für mich das Blatt des privaten Glücks aber auch wieder zum Positiven. Ich lerne eine ganz interessante Frau kennen, in die ich mich restlos verliebe und auch das Glück habe, das es ihr ähnlich geht. Mit ihr kann ich auch endlich wieder neue Pläne schmieden und positiv in die Zukunft schauen. Wir ziehen schon nach kurzer Zeit in eine tolle Wohnung zusammen, mitten in Hamburg mit einem traumhaften Blick vom Wohnzimmer auf die Alster. Das, was sich andere als Fototapete an die Wand kleben, haben wir hier als Aussicht vom Fenster im Original.

Das alles lässt mich auch wieder neue Hoffnung schöpfen, und ich reiche endlich auch formal die Scheidung von meiner ersten Ehefrau ein.

Finanziell brechen jetzt nochmal härtere Zeiten für mich an. Gefühlt habe ich aber jetzt wieder ganz viel Kraft und meine neue Frau bestärkt mich auch darin, beziehungsweise ist sogar selbst die treibende Kraft, um etwas Neues zu beginnen. So entsteht bald unser eigenes „Mobilitätskonzept".

Wegen der Scheidungsumstände fahre ich als Dienstwagen mittlerweile nur noch einen kleinen „Smart fortwo" und meine Lebensgefährtin einen alten „Mazda Xedos 6". Sie meint aber, dass ich meine Träume leben sollte und wenn nicht anders möglich, dann eben über die Bank finanziert. So gesellt sich erst schnell zu meiner BMW „K100" und dem Dienstwagen Smart ein grauer Porsche „964" (also ein 911 Baujahr 1990 mit Allrad) dazu.

Das Auto ist in gutem Zustand und sogar noch scheckheftgepflegt. Ich weiß bis heute nicht, warum der Händler ihn so günstig für 16500 Euro verkauft hat. Bis auf eine defekte Ölleitung und einen kaputten Anlasser, den wir durch einen freien Porscheschrauber relativ günstig beheben lassen können, macht das Auto keine Zicken und wir fahren ihn rund 20000 Kilometer. Unter anderem sind wir mit ihm zu einem unvergesslichen mehrwöchigen Erlebnis in die Toskana aufgebrochen und haben viel Freude an dem Sound des Motors, der durch einen normalerweise unerwünschten Marderschaden die „Antidröhnmatten" gerade im Motorraum zerlegt hat. Nur das ich unbedingt die Brennerstraße statt der Brennerautobahn fahren will, findet meine zukünftige Frau hier nicht toll, weil sie keine Serpentinen mag.

Später können wir das Auto sogar mit leichtem Gewinn wiederverkaufen. Ok, wenn ich die Kreditzinsen und die Unterhaltskosten mit einrechne, ist es ein „Plus-Minus-Null Geschäft", aber da kann man sich ja nicht beschweren. Über ein Jahr Porsche zu fahren für „lau", ist doch schon eine ganz tolle Sache.
Aber bevor wir den Porsche verkaufen, haben wir erst einmal noch eine andere Erfahrung gemacht. Mit Smart, BMW „K100", „Mazda Xedos" und Porsche fehlt ja eigentlich noch ein richtiges „Raumfahrzeug" für ein ordentliches Mobilitätskonzept. Deswegen halten wir Ausschau nach einem VW Bully „T3 TDI" mit Camping-ausstattung.

Wir finden einen in Lüneburg aus erster Hand, der trotz bereits absolvierter 340.000 Kilometer noch lückenlos scheckheftgepflegt ist!

Bei der Probefahrt fällt mir zwar auf, dass die Wasserkontrollleuchte glimmt, aber ich denke mir dabei nichts Schlimmes. Weit gefehlt! Obwohl wir den Bully noch deutlich runtergehandelt und damit wirklich günstig für 2000 Euro geschossen haben, ist das kein gutes Geschäft. Bald stellt sich nämlich heraus, dass der Motor leider einen Zylinderkopfschaden hat und praktisch irreparabel ist. Mit „mittlerem Verlust" können wir ihn trotzdem schnell noch für 1200 Euro weiterverkaufen und ich steige, nach endlich erfolgter Scheidung, bei den Dienstwagen einfach auf einen neuen Viano um. So habe ich problemlos ein neues großes Auto in der Art des „T3".

Das allein ist aber für den privaten Fuhrpark natürlich kein Ersatz. Ich stelle zu diesem Zeitpunkt im Netz fest, dass es mittlerweile schon sehr günstige Porsche „996" gibt. Ich suche einige aus und schicke die Fotos meiner Frau per mail. Bei einem dunkelblauen mit traumhafter Ausstattung ausgerechnet aus dem entfernten Passau schreibt sie: „will son"! Damit ist unsere nächste Wochenendreise gesichert und wir düsen die 850 Kilometer nach Passau runter und wieder rauf. Der Wagen ist tatsächlich in ganz gutem Zustand, aber schon während der Probefahrt kann er nicht den Charme eines luftgekühlten Porsche entfalten.

Dafür besticht er mit perfektionistischen 300 PS und einem tollen Fahrwerk. Meine Frau ist nicht ganz überzeugt, ich will ihn aber haben und kaufe ihn für 17.500 Euro. Wir machen damit eine sehr schöne Urlaubsreise in den Elsaß und haben dort viel Spaß mit ihm. Schnell bin ich danach aber auch von dem doch eigentlich nichtssagenden „Spiegelei Porsche" enttäuscht und er steht insgesamt fast zwei Jahre in der Garage, ohne groß bewegt zu werden. Ich bin froh, als wir ihn dann für noch 16.500 Euro direkt weiterverkaufen kann und wende mich wieder anderen Projekten zu.

Bei der BMW „K100" verabschiedet sich zwischenzeitlich die Kupplungsscheibe, und ich muss die Maschine auf dem Hänger transportieren. Die Reparatur führe ich selbst mit meinem Freund Günther und dessen Bruder in seinem Gewächshaus durch. Beim Wechsel der Scheibe vergesse ich leider, die Zahnung der Hauptwelle zu fetten, und der gleiche Salat passiert mir deshalb keine 1000 Kilometer später noch einmal. Die Kupplung ist schon wieder hin und hat keinen Kraftschluss mehr. Doch mit diesen Fehlern an der BMW kann ich leben. Nur die ständig reißenden Kupplungszüge nerven mich, sodass ich das Motorrad dann 2009 direkt doch wieder verkaufe für immerhin noch 1200 Euro. Diesmal lege ich mir gleich danach eine dunkelrote BMW „K1100 RS" aus 1994, die schon seit längerem mein Traummotorrad ist, für nur 2100 Euro zu. Sie hat ABS, nur 110000km runter und der Verkäufer kann sie gesundheitlich nicht mehr bewegen.

Deswegen kann ich ihn auch auf die „nur" 2100 Euro von 2500 angesagten runterhandeln. Aber was ist das? Die Benzinpumpe macht schon auf der letzten Distanz der Überführungsfahrt höllische Geräusche.

Es ist ein ziemlicher Leidensweg für mich, bis nach zwei Benzinpumpen, Liegenbleiben, Abschleppen und teurem Werkstattaufenthalt endlich das schlechte Benzin entdeckt wird. Nach gründlicher Tankreinigung und Siebwechsel läuft die Maschine dann ohne große weitere Probleme bis zum TÜV.

Laufen tut sie zwar, aber eigentlich hat es mir schon zu denken gegeben, dass während des ganzen letzten Jahres beim Fahren die ABS-Leuchte dauerhaft brennt. Nun zum anstehenden TÜV ist mir schon klar, dass ich jetzt einmal etwas in die Maschine investieren muss. Ich rechne so mit circa 500 Euro inclusive der TÜV Gebühren bei meinem bewährten freien BMW Fachmann.

Ich bringe die Maschine also an einem Dienstag 2013 morgens frohen Mutes hin, um die notwendigen Reparaturen durchzuführen und das TÜV Siegel zu erhalten. Ich habe es ja nicht eilig, weil ich die Maschine nur als Hobby fahre. Also sage ich dem Werkstattmeister er kann sich mit den Reparaturen ruhig Zeit lassen. Wenn sie wieder TÜV hat, soll er mich einfach anrufen und ich hole sie dann ab.

Ich bin sehr überrascht, als mich schon am gleichen Nachmittag der Anruf des Mechanikers erreicht, der sich die Maschine vorgenommen hat.

Er begrüßt mich mit den Worten: „Sitzt Du gerade? Ich habe keine guten Neuigkeiten!"

Um es kurz zu machen, erzähle ich den Befund hier: Nach der defekten ABS Funktion hat der Mechaniker noch gar nicht geschaut. Vielmehr ruft er als Kostenvoranschlag schon einmal für neue Bremsscheiben, die wegen des ABS angeblich nur von BMW für mindestens 500 Euro zu beziehen sind, dann die undichte Gabel und noch so einige andere Kleinigkeiten in Summe knapp 2000 Euro Reparaturkosten auf. Was für ein Schwachsinn. Das ist ja knapp unterhalb des Zeitwertes, ohne dass die Maschine dadurch irgendwie an Wert gewinnt. Für mich ist das völlig indiskutabel. Ich sage die Reparatur sofort ab und avisiere meine Abholung des Motorrades für morgen, unrepariert und ohne TÜV.

Gleichzeitig schaue ich schon beim erfolglosen Telefonieren mit dem Schrauber parallel bei „mobile.de" im Internet rein, unter der Rubrik „BMW K1100RS". Es ist auch tatsächlich eine Maschine drin, die mir sofort gefällt. Ebenfalls eine rote, wie meine eigene, nur ein Jahr älter als diese, mit fast gleichem Kilometerstand, aber mit fast zwei Jahren TÜV und für nur 1800 Euro Verhandlungsbasis. Allerdings steht das Motorrad auf Norderney, also einer Insel. Wie kommt man denn da nun ran?

Ich rufe trotzdem an. Zunächst geht keiner ran. Ich versuche es immer wieder, bis es spät am Nachmittag wird und dann ist auch noch länger besetzt.

Endlich, gegen 20 Uhr, krieg ich den Verkäufer telefonisch. Er freut sich über meinen Anruf, sagt mir aber gleich, dass er das Motorrad vor 10 Minuten am Telefon verkauft hat. Das will ich ja nun gar nicht akzeptieren. Ich sage ihm, dass es „genau meine BMW" sei und dass er bitte nochmal bei dem Interessenten nachhören soll, wie ernsthaft seine Kaufabsichten wirklich sind. Sonst würde ich die Maschine für die aufgerufenen 1800 Euro einfach nehmen und morgen schon abholen.

Ich glaube schon fast nicht mehr dran, dass das funktioniert, aber um kurz vor 22 Uhr ruft der Verkäufer tatsächlich zurück und geht auf meinen Vorschlag ein. Er ist sogar bereit, das Bike noch -weil als Einheimischer die Überfahrt kostenlos ist - am Folgetag mit der Fähre nach Norden zu bringen, wo ich es am Hafen abholen kann.

Ich fahre am nächsten Nachmittag, wie abgesprochen nach Norden und nehme die BMW am Fähranlieger in Empfang.
Die „K1100 RS" entspricht bei der Übergabe genau meinen Vorstellungen. Insbesondere das hier fehlende ABS finde ich gut. Denn zu der Zeit, als diese BMW gebaut wurde, war das noch Sonderausstattung und musste nicht zwangsläufig geordert werden. Und was nicht verbaut ist, kann auch keine teuren Reparaturen nach sich ziehen. Außerdem bin ich ja früher auch ohne ABS sehr gut zurechtgekommen. Gerade ein Biker sollte halt immer nur so schnell fahren, wie sein Schutzengel fliegen kann...

Ich zahle die vereinbarten 1800 Euro und plausche mit dem netten Verkäufer noch eine Weile, dann danke ich ihm für sein Engagement und verabschiede mich von ihm. Es ist schon ziemlich spät geworden. Nun will ich die Maschine im Viano nur noch schnell nach Hause kriegen.

Da die Frontverkleidung jedoch zu hoch für den Laderaum ist, muss ich diese mit dem Werkzeug, was ich mitgebracht habe, demontieren. Es ist eine sehr zeitaufwendige Aktion, die länger dauert, als ich dachte. Außerdem muss ich mich noch vor Regen mit der Maschine eine Zeitlang unterstellen. Erst mitten in der Nacht bin ich mit dem neuen Beutezug wieder zu Hause und lasse die BMW einfach erst einmal im Viano stehen.

Einige Monate später meldet der BMW Verkäufer sich noch einmal telefonisch bei mir, weil er ein kaputtes Smart Verdeck an einem Cabrio hat. Er fragt, ob ich ein solches günstig besorgen kann. Da ich mich bei Smart ganz gut auskenne, finde ich ein solches schnell im Netz bei mir um die Ecke, hole es ab und schicke es ihm zu. Sogar 50 Euro Verdienst sind da noch für mich drin...

Zurück jedoch erstmal wieder zur BMW. Am nächsten Morgen muss ich arbeiten. Ich bin aber nicht wirklich richtig bei der Sache. Schließlich fliegen mir die Gedanken durch den Kopf, was nun mit der zweiten BMW ohne TÜV geschehen soll.

Eigentlich habe ich mich schon darauf eingestellt, sie zu schlachten. Auf der anderen Seite steht in knapp zwei Wochen unser Jahresurlaub an. Bis dahin habe ich die Teile bestimmt nicht weg. Also recherchiere ich kurz wieder einmal im Internet und stelle fest, dass es dort gar keine gebrauchten „K1100" unter 1000 Euro gibt. Egal in welchem Zustand die Maschinen sich befinden, kosten sie mindestens 1200 Euro aufwärts. Ich denke, was für ein Zufall, dass ausgerechnet auch noch an diesem Nachmittag die Sonne richtig scheint. Ich wage also den Versuch, die Maschine doch komplett zu verkaufen. Ich setze sie einmal mit den ehrlich aufgeführten Mängeln und ohne TÜV für 1490 Euro Verhandlungsbasis bei „mobile" als Anzeige rein.

Die Resonanz ist überwältigend. Ein Bonner Zeitgenosse will gleich innerhalb der ersten Minuten das Bike „auf Ziel nach seinem noch anstehenden Urlaub" zum Inserats-Preis kaufen. Ein Angebot, auf das ich mich natürlich nicht einlasse. Wer weiß, ob der Typ tatsächlich kommt. Außerdem wäre es doch schade, all den anderen abzusagen, und dann eventuell drauf sitzen zu bleiben.
Weitere Interessenten klingen da schon vielversprechender.
Einer, der sich auch sehr schnell telefonisch meldet und aus dem Nachbardorf ist, will gleich vorbeikommen. Das tut er auch. Wir besichtigen das Bike. Er ist ganz angetan und überlegt noch. Da klingelt mein Handy erneut und ein weiterer Interessent aus der Nähe will auch gleichkommen.

Daraufhin entscheidet sich der erste, die BMW für 1300 Euro glatt sofort zu nehmen, weil er schon immer auch eine rote „RS" gesucht hat und bereits zwei andere „1100er" sein Eigen nennt. Ein guter Deal für uns beide, wie sich später herausstellt. Denn wir bleiben auch weiterhin in Kontakt. Ich bekomme sogar noch eine Reparaturanleitung für die BMW und auch etliche Tipps zu Reparaturen und Verbesserungen von ihm. Im Gegenzug gebe ich ihm noch 50 Euro von den extra von mir bei ebay für 200 Euro verkauften Koffern ab, und so freuen wir uns beide.

So habe ich es tatsächlich mit dem kleinen Umweg noch geschafft, eine rote BMW „K1100RS" wie geplant, sogar mit unter 500 Euro Zuzahlung mit zwei Jahren TÜV zu bekommen...

Aber ich wäre ja nicht ich, wenn nicht bald wieder ein neues Projekt locken würde. So mache ich im September eine schon lange geplante Fahrradtour um die Müritz mit meinem alten Freund Andy. Den kenne ich ja schon aus den Anfangszeiten bei meinem Arbeitgeber, und mit dem habe ich die Wohnwagenzeit in Potsdam verlebt.

Es ist eine nette Fahrradtour, bei der wir viel zu erzählen haben und auch in unseren Jugendträumen von Motorrädern schwelgen können.

Abends beim Bier auf einem Campingplatz wird das Ganze dann noch intensiviert durch die heutigen Möglichkeiten, auch gleich jede noch so schwachsinnige Idee zeitgleich im Internet per Smartphone als Angebot nachschauen zu können.

Ich erzähle ihm von meinem alten Traum einer Kawasaki „Z650" mit Speichenfelgen und dem auffälligen Entenbürzel am Heck. Er überzeugt mich aber, dass eine einzylindrige Yamaha „SR500" noch kultiger wäre.

Ich bin begeistert und schaue in den Folgetagen alle Motorradbörsen im Internet intensiv durch. Leider finde ich nichts. Aber auf „ebay" werde ich fündig. Eine offenbar recht schön restaurierte „SR 500" für nur 1250 Euro Festpreis zum „Sofort Kaufen". Leider ist die Maschine schon lange abgemeldet und hat auch keinen TÜV mehr. Ich gehe trotzdem das Risiko ein und kaufe das Teil, das auch gar nicht so weit weg bei Braunschweig steht, blind. Beim Abholen habe ich einen sehr netten Verkäufer kennengelernt und das Motorrad überzeugt auch genauso, wie es in der Anzeige steht. Ich packe es in den Viano und zurre es fest. Nach kurzer Überlegung fahre ich auf der Rücktour direkt bei der „Dekra" vorbei und stelle die Maschine vor. Der Vorteil an der „Dekra" ist, dass man ein nicht zugelassenes Fahrzeug dort auf dem Hof einfach abnehmen kann. Beim „richtigen TÜV" geht das bekanntlich nicht; hier muss immer erst ein teures, „rotes" Kennzeichen her. Was für ein überflüssiger Verein der „TÜV" mit seinen ganzen idiotischen Verordnungen doch in der heutigen Zeit geworden ist. Man muss ihn einfach nur meiden und bessere Alternativen aufsuchen.

Der „Dekra-Ingenieur" ist begeistert von der kleinen „SR". Ich bekomme anstandslos den Bescheid und kann die Yamaha einfach zulassen. Dies mache ich auch umgehend.

Es gibt nur ein kleines Problem. Wenn die Maschine kalt ist, kann ich sie ohne Probleme antreten und sie springt sofort an. Das geht, wenn sie warm ist, erst nur sehr bedingt. Es braucht einige Zeit, bis ich glaube, dass ich es verlässlich doch hinbekomme. Ich bin noch keine 200 Kilometer mit der Yamaha gefahren in den letzten Herbsttagen, da überlege ich schon, sie für den Winter unterzustellen. Um dies stilgerecht zu machen, will ich kurz eine Persenning bei dem Motorradzubehörladen „Louis" in Lübeck kaufen und fahre deshalb mit der „SR" dort hin. Die Hinfahrt verläuft ohne Probleme und ich stelle die kleine Yamaha bei „Louis" vor dem Verkaufsraum entspannt ab.

Als ich meinen kleinen Einkauf getätigt habe, versuche ich die „SR" wieder anzutreten. Ich komme echt ins Schwitzen, aber die 500er springt einfach nicht wieder an. Während ich also so kämpfe und mir der Schweiß von der Stirn läuft, fährt eine ältere „Yamahe FJ 1300" auf den Hof. Der Fahrer steigt ab und sieht meine nicht erfolgreichen Startbemühungen. Er kommt auf mich zu und sagt: „Du, lass mich mal kurz anschieben. Dann springt die bestimmt gleich an!" Gesagt getan. Er schiebt und tatsächlich springt die „SR" nach wenigen Metern mit einem Satz an. Ich muss erst einmal bremsen und gleichzeitig versuchen, den Motor weiter am Laufen zu halten. Das Blöde ist nur, dass ich die ganze Zeit den netten Anschieber fliegend hinter mir herziehe. Er legt deshalb einen ziemlichen Schwan hin, als er unsanft wieder auf dem Boden landet, sobald ich endlich bremsen kann.

Zum Glück hat er ja seine Moped-Klamotten an und trägt das Ganze auch mit Humor. Für mich aber ist hier „Schluss mit lustig" und schon am nächsten Tag inseriere ich die Maschine wieder bei „mobile".

Zum Glück finde ich schnell einen Enthusiasten, der als Jugendlicher schon eine „SR 500" hatte. Nun zeigt er mir, wie man mit seinen jetzt rund 150 Kilogramm „Lebendgewicht", die „SR" in jeder Lebenslage erfolgreich antreten kann. Okay, dabei scheinen mir mit seiner Methode schon fast die Lager aus dem Auspuff zu fliegen, aber er kriegt sie so tatsächlich mehrfach an. Ich finde es gut, dass die Yamaha so schnell in kompetente Hände gerät und ich mit den erzielten 1750 Euro auch noch ein paar Euro plus an der Maschine gemacht habe.

Mit dem eingenommenen Geld schaue ich mich nun doch wieder nach meinem ursprünglichen Traum, der Kawasaki „Z650" um. In der Nähe von Koblenz steht die passende Kawa, leider schon mit Gussfelgen, aber auch nur für 899 Euro mit einem guten Jahr TÜV bei „mobile.de" drin. Da ich so schnell nicht runter komme, lasse ich die Maschine von einem Kollegen anschauen und kaufe sie ungesehen. OK, ein bisschen leckt die Zylinderkopfdichtung, ansonsten aber soll die Maschine tatsächlich einwandfrei laufen.

Eine Woche später kann ich einen dienstlichen Termin in Essen mit der Abholung verbinden und packe die Maschine in meinen Viano. Über Nacht lasse ich die Maschine verzurrt drinstehen.

Am nächsten Morgen bei der Abfahrt, muss ich feststellen, dass der Benzinhahn wohl auch etwas undicht ist. Ich falle fast um, als ich den Gestank im Auto wahrnehme und erst einmal kräftig lüften muss. Trotzdem kann ich die Rücktour von rund 400 Kilometern nur mit Kopfschmerzen und fast durchgehend geöffneten Fenstern zurücklegen...

Nachdem ich die Maschine angemeldet habe, besorge ich erst einmal einen zünftigen M-Lenker sogar mit Gutachten, den ich schon auf meiner seligen „Z550" gefahren habe. Außerdem ist das Tacho ein Problem. Da die Maschine irgendwann aus Amerika importiert wurde, hat sie ein Meilentacho und das ist hier nicht nur ziemlich unübersichtlich, sondern auch einfach doof abzulesen... Leider sind die im Netz angebotenen Kilometertachos sehr teuer. 150 bis 250 Euro werden für einen Tacho je nach Zustand aufgerufen. Ich finde aber bald bei ebay Kleinanzeigen eine geschlachtete „Z650", nur ein paar Kilometer von meiner Heimatadresse entfernt, bei der auf dem Foto der Motorradreste offenbar noch ein Tacho am Lenker dran ist.

Ich rufe den Besitzer an, der seinen ehemaligen Motorradhandel eigentlich nur noch aufräumen möchte. Er ist bereit, dass ich mir den Tacho selbst abbaue. Ich kann ihn deshalb auch für nur gerade einmal 25 Euro schießen.

Nun will ich der Kawa auch etwas Gutes angedeihen lassen und melde sie bei einer freien Motorradwerkstatt in Ahrensburg zum Ölwechsel und Ventile einstellen an.

An einem sonnigen Frühsommertag fahre ich sie ohne Probleme rüber. Dies war leider kein guter Gedanke. Denn schon am nächsten Tag ruft mich der Werkstattbesitzer an und sagt, dass meine Kawa ziemlich unschöne Geräusche macht. Nach dem Ölwechsel hätte er die Arbeit ruhen lassen, damit ich mir das Desaster erst einmal anschauen kann.

Ich fahre hin und die Kawa klingt wirklich grauenhaft. Keine Ahnung, was los ist und so nehme ich sie in diesem Zustand mit, zahle noch zähneknirschend 100 Euro für den Ölwechsel und werde zu dieser Werkstatt bestimmt nie wieder hinfahren.

Die Rückfahrt ist ein einziges Abenteuer. Die Maschine ist nur bei 4000 U/min Standgas am Laufen zu halten und nimmt kaum Gas an. Irgendwie gelingt es mir trotzdem, sie die 20 Kilometer nach Oldesloe zu überführen. Dort gerate ich auch noch prompt kurz vor meinem Haus in eine Polizeikontrolle. Eine ganz junge Polizistin überprüft meine Papiere und hört das fürchterlich laufende Moped ohne Leistung. Ich erkläre ihr noch, dass ich grad Megaprobleme mit dem Motor habe und sie will dann doch noch ernsthaft kontrollieren, ob das Motorrad nicht ungesetzlich getunt ist. Manche Menschen raffen wirklich gar nichts. Nur mit Mühe kann ich mich da loseisen und die letzten Meter zu meiner Garage zurücklegen, um die Kawa erst einmal wegzuschließen.

Für das nächste Wochenende habe ich schon seit langem eine Fahrradtour mit meinem Sohn am Nordostseekanal geplant. Wir machen das nicht zum ersten Mal und es bringt immer viel Spaß, auf diesem ebenen Grund zu radeln, die Schiffe zu beobachten, nett zu essen und zu tratschen, um dann abends auf einem Campingplatz zu übernachten. Nur diesmal haben wir nicht viel Glück mit dem Wetter. Es schüttet wie aus Eimern und auch nach der Wettervorhersage „online" ist keine Besserung zu erwarten. So übernachten wir zwar von Freitag auf Samstag auf dem Campingplatz, doch zum Fahrradfahren ist auch am Folgetag keine Chance abzusehen. Was nun?

Nur durch ein bisschen Zufall habe ich eine ausgedruckte Anzeige dabei, wo jemand in Bonn wieder eine „Z650er" Kawa anbietet, aber diesmal mit nur 35000 „miles". Die Maschine ist angeblich aus dritter Hand, Baujahr 78 und diesmal auch mit Speichenfelgen versehen. Sie wird für nur 1100 Euro mit zwei Jahren TÜV angeboten. Das sind ja eigentlich auch nur gut 500 Kilometer in eine Richtung, meine ich...

Ich bespreche mich beim Frühstück kurz mit meinem Sohn. Er ist auch sofort Feuer und Flamme, die Kiste anzugucken. Wenn sie wirklich so gut da steht, wie die Anzeige sie beschreibt, möchte ich sie auch kaufen und gleich mitnehmen.

Wir fahren kurz bei mir zu Hause vorbei und bauen mühselig große Teile der „Marco Polo" Ausstattung aus meinem Viano aus.

Teilweise müssen wir dazu sogar Nieten ausbohren, um das Moped auch verladen zu können. Natürlich haben wir die im Nachgang auch ordentlich wieder neu montiert...

Dann geht es samstagsmittags erstmal los und es zieht sich doch ganz schön, bis wir endlich am frühen Abend in Bonn ankommen. Der Besitzer der roten Kawa ist tatsächlich schon jenseits der 70er Altersgrenze und war früher bei einem Autoreifenhändler tätig. Von ihm hat er die Kawa anno 1996 erworben und dann nur wenig als „Dritt-Motorrad" in den Folgejahren bewegt. Sein Hauptaugenmerk lag nämlich immer auf einer uralten „Karl" Baujahr 1924, die er schon 1980 aufgebaut hat und immer noch hegt und pflegt. Von der Kawa will er sich nun aus Altersgründen jedoch trennen.

Ich schmeiße sie an. Mit Choke läuft sie auch ganz ordentlich, so dass ich eine Runde Probefahren kann. Ich bin ganz zufrieden, nur stelle ich dabei fest, dass sie einfach „höllenlaut" ist. Sie hat nämlich eine eingetragene „Zebra"-Auspuffanlage und auch noch offiziell offene Ansaugtrichter. Mir gefällt so ein Krachmacher nicht, daher handle ich die Maschine noch auf glatte 1000 Euro runter und packe sie anschließend in den Viano.

Ich geh mit meinem Sohn danach noch bei einem Griechen um die Ecke essen. Dann geht es die knapp 600 Kilometer wieder zurück nach Norddeutschland.

Dort mitten in der Nacht angekommen, bin ich fix und fertig und geh erstmal ins Bett. Am Morgen wird dann ausgepackt.

In den nächsten Tagen baue ich erst einmal den M-Lenker an, den ich ja noch liegen habe, um die Maschine endlich auch optisch so gestalten zu können, wie ich es mir immer gewünscht habe. Der Lenker ist auch relativ problemlos zu montieren, jedoch steht der Bremsflüssigkeitsbehälter nun ziemlich schief, was ich nicht so toll finde. Auch den Kilometertacho habe ich schon umgebaut, um dann die richtige Jungfernfahrt nach der Ummeldung machen zu können.

Gut 50 Kilometer fahre ich an diesem Nachmittag und stelle dabei fest, dass die Maschine, wenn sie kalt ist, doch ziemlich unrund läuft.

Leider wird das auch nicht wesentlich besser, wenn sie warm ist. Wieso ich das bei der Probefahrt in Bonn nicht gemerkt habe, versteh ich bis heute nicht. Ich denke mir aber, dass das ja nicht so schlimm ist. Dann gibst du die Maschine halt zu einem freien Kawa- und Suzuki- Händler hier in Oldesloe und lässt sie halt mal im Rahmen einer normalen Inspektion einstellen. Danach wird sie ja wohl ordentlich laufen. Denn auf Kawa ist doch eigentlich Verlass...

Dies erweist sich jedoch als fataler Fehler. Nachdem mir dieser alte Motorradmeister mit seinen über 70 Jahren erklärt hat, dass er dazu erst einmal ein Ultraschallbad für die Vergaser machen müsse und das Ganze gut 600 Euro kosten würde, bin ich zwar nicht mehr so begeistert, gebe die Maschine aber trotzdem in Auftrag.

Leider geht das gründlich schief. Nach etlichen Katastrophen-anrufen des Schraubers, der zwar wie wild repariert hat, läuft die Maschine immer noch nicht richtig. Dafür sind jetzt über 1200 Euro Kosten zusammengekommen. Entnervt gebe ich auf und stelle sie erst einmal in meinen Schuppen. Ich will einfach von diesem unangenehmen Menschen nichts mehr hören und stelle auch keine eigentlich berechtigten Regressansprüche an ihn.

Jetzt fahre ich wieder nur noch mit meiner BMW dieses Jahr durch die Gegend. Ich muss einmal sehen, wann ich mich selbst an die Gasfabriken der Kawa daranmachen werde. Auf jeden Fall lasse ich sie aber angemeldet, damit ich dranbleibe und sie nicht in Vergessenheit gerät.

2015 – Ferrari, und was kommt dann...?

Es kommt die Zeit, dass ich mir überlege, dass ja eigentlich auch mal wieder ein reizvolles Auto nebenbei her sollte. Ich schau mich so um und liebäugele erst mit einer Lotus „Elise", aber nur als Linkslenker. Diese sind aber dann doch für einen Lotus schon ganz schön teuer.

Oder doch erneut ein luftgekühlter Porsche „911", wäre ja auch gar nicht zu verachten? Aber ein guter „964er" ist mittlerweile ziemlich in den Preisen nach oben geschossen und außerdem hatte ich ihn ja auch schon.

Da fällt mir ein, dass ich doch 1989, als der neue rundlichere Toyota „MR2" rauskam fand, dass dieser fast wie ein „Ferrari" aussah. Ich war sofort begeistert, konnte ihn mir aber damals als Student noch nicht leisten! Und als ich in meiner Berliner Zeit dann den eckigen Vorgänger „MR2" gebraucht für wenig Geld kaufte, habe ich natürlich auch mit dem 89er Nachfolgemodell kurz geliebäugelt. Aber er war mir auch da noch zu teuer, im Verhältnis zu dem, was er repräsentiert. Schließlich musste ich noch eine junge Familie ernähren mit drei kleinen Kindern und einer verplanten Frau, die ihre Frühstückspension gleich zweimal teuer umbaute, weil ihr alles, was die Handwerker machten, nicht recht war. So blieb der Betrieb über zwei Jahre geschlossen und sie verdiente überhaupt kein Geld. Daher wurde es damals doch nur der kantige 85er „MR2" als Kompromiss für mich.

Aber warum nicht jetzt, im gesetzteren Alter, einmal zuschlagen und diesen Jugendtraum doch noch verwirklichen?

Nur warum nun einen durchaus erschwinglichen 90er Toyota „MR2" in Ferrari-Rot und im „Magnumstyle" kaufen, wenn man für etwas mehr Geld auch einen echten 8-Zylinder Ferrari haben kann? Ok, auch der ist nicht ohne in den Unterhaltungskosten, aber doch noch tragbar. Jedenfalls ist er bei weitem nicht so kompliziert und teuer wie ein „Zwölfender".

Der Ferrari „Testarossa" meines Hausarztes fällt mir plötzlich ein, den er mit einer durchsichtigen Wohnzimmerdecke in seinem Haus jederzeit im Parterre aus dem ersten Stock sehen kann, wenn er auf seinem Sofa sitzt. Doch so ein Zwölfzylinder ist nun wirklich nicht das, was ich meinem Bankkonto dauerhaft zumuten möchte. Er ist einfach zu exotisch und abgehoben. Was also machen?

Ich denke viel nach und wäge die einzelnen Vor- und Nachteile der verschiedenen Möglichkeiten ab. Dann im Frühjahr 2012 treffe ich meine Autoentscheidung für das nächste Spaßmobil. Es ist plötzlich ganz deutlich vor mir! Warum eigentlich immer Kompromisse eingehen und Autos fahren, die meist nur aussehen wie echte Supersportwagen? Warum nicht einmal einen echten kaufen? Ein Ferrari wäre doch mein Traum.

Ich recherchiere ausführlich im Internet und stelle fest, dass zu dieser Zeit viele alte und nicht so alte Ferraris auch wieder in ziemlich normale Preisregionen geraten sind.

Das wäre einmal etwas ganz Besonderes, auch wenn mir klar ist, dass ich einen solchen Kauf nicht unüberlegt tun sollte. Denn die Folgekosten bei einem schlechten Deal können einen ganz übel erwischen. Also sollte der Kauf wohlüberlegt und vor allem muss es das richtige Auto vom richtigen Vorbesitzer sein.

Ich beobachte den Markt und die angebotenen, alten Ferraris vor Baujahr 1995 im Internet jetzt regelmäßig und fange an, mich zu den einzelnen Typen schlau zu machen. Die „Magnum Ferraris" „308" und „328 GTS" sind für mich optisch die schönsten und auch schon rund 30 Jahre alt. Die neuen aktuellen Modelle gefallen mir weniger, bis teilweise sogar gar nicht mehr.

So ab 30.000 Euro kann man zu dieser Zeit noch erfolgreich bei den alten „308" und „328ern" zuschlagen. Das sind dann aber Autos, die keine nachvollziehbare Historie haben und meist auch schon ziemlich verbastelt sind, oder einen gehörigen Wartungsstau aufweisen. Und da ja die Reparaturen an diesen Autos bekanntermaßen exorbitant teuer sind, lohnt sich so ein runtergekommenes Exemplar auf keinen Fall. Denn das vermeintlich gesparte Geld zahlt man dann nach dem Kauf ganz schnell nach und wahrscheinlich noch einiges mehr...

Ich grenze die engere Wahl ein. In Frage kommt für mich nur ein Modell mit den Kiemen an der Seite, Klappscheinwerfern und möglichst den vier einzelnen runden Rückleuchten am Heck.

Das Ganze am besten noch in Ferrari-Rot und mit cognacfarbenem Leder. Und auf acht Zylinder will ich mich ja auch beschränken.

Es kommen also nur „308", „328", „348" oder einfach ein „Mondial" in Frage.

Ich lasse den „308er" und den „328er" relativ schnell ausscheiden, weil wirklich gute Exemplare nicht mehr in vernünftigen Preisregionen sind. Zwischen „348" und „Mondial" prüfe ich über Monate die Angebote und bin ziemlich unentschlossen. Der Preisunterschied ist nicht das alles Entscheidende. Ungefähr 10.000 Euro Unterschied sind in jedem Zustand zwar zwischen „348" und „Mondial" aufgerufen, aber technisch betrachtet sind die beiden Autos ja ziemlich identisch. Insbesondere die Motoren sind meist sogar baugleich.

Der „348er" ist zwar edel, aber er hat für mich kein so schönes Heck. Mit den Rücklichtern in Form von Lichterbändern, erinnert er mich stark an eine Mercedes „W123" Limousine, die auch noch zu Hauf als Taxen am Bosporus fahren.

Im „Mondial" finde ich die hintere Bank mit den zwei Notsitzen, auf der man als kleiner Mensch auch mal irgendwie mitfahren, etwas ablegen oder zumindest den Hund mitnehmen kann, einfach charmant. Seine Form ist überdies zeitlos elegant.

Aber was sollen diese ganzen Überlegungen, wenn ich eigentlich gar nicht weiß, ob mir so ein Auto überhaupt beim Fahren Spaß macht?

Man müsste es ausprobieren und auch von den Erfahrungen der Vorbesitzer etwas hören, bevor man sich für teuer Geld so ein Auto in die Garage stellt. Nur leider sind ja die meisten Verkäufer, die ein Auto loswerden wollen, nicht wirklich ehrlich. Da wird die letzte Mistkarre in den höchsten Tönen gelobt und hinterher, wenn man gekauft hat, zeigt sich der Salat. Ich denke nach und verwerfe diesen Weg. Am besten wäre doch eine Autovermietung, die ohne eigenes Verkaufsinteresse einem einfach einmal so ein Auto überlässt. Aber wer hat schon so alte Fahrzeuge in der Vermietung?

Ich gebe einfach einmal so „Ferrari-Vermietung" bei Google ein und finde die üblichen Verdächtigen mit den ganzen neuen Kisten besonders im Frankfurter Raum. Klar, die hier mit unserem schwer verdienten Geld zockenden Banker haben ja das nötige Moos. Gern schmücken sie sich mit fremden Federn und bügeln deshalb dann einmal mit einem neuen Mietferrari über die „Zeil".
Mich reizen diese aktuellen Dinger aber ja eh nicht. Ich gebe jetzt aus einer Laune oder Eingebung heraus einmal „Ferrari Mondial Vermietung" bei Google ein und „pling!" - genau ein Treffer! Und dieser ist sogar nur 25 Kilometer von meiner Heimatadresse entfernt! Ich traue erst meinen Augen nicht. Hier gibt es tatsächlich eine Fahrschule, die einen 87er „Mondial" als Fahrschulwagen mit „Doppelpedallerie" umgerüstet hat und diesen auch noch ganz normal, aber natürlich mit Fahrlehrer, vermietet.

Und das Ganze auch noch ziemlich günstig ab einer halben Stunde. Genial! Kurze Zeit später schenkt mir meine Frau eine „Fahrstunde" und wir machen uns zu dem denkwürdigen Ereignis auf.

Zu dem Fahrschulinhaber habe ich auf Anhieb einen guten Draht. Wir umrunden den „Mondial" von außen ausführlich und ich mache Fotos. Dabei unterhalten wir uns schon über die Faszination, die mit dieser Marke und speziell den alten Ferraris zusammenhängt. Es ist halt immer noch etwas Besonderes, ein „Ferrraristi" zu sein und damit zur „Scuderia Ferrari" zu gehören. Meine Frau krabbelt hinten auf die Rücksitze und Thomas nimmt auf dem Beifahrersitz Platz. Die Doppelpedallerie lässt er natürlich beiseite. Ich stell mir nur kurz den Fahrersitz ein. Dann geht es los und ich fahre den „Mondial" aus dem Hof auf die Straße.

Oh Gott! Was ist das denn? Wenn der „348er" schon die Rückleuchten vom „123er Bauernbenz" geerbt hat, haben offenbar auch noch er und der „Mondial" gleich die schwergängige Lenkung dieser Mittelklasse Limousine ohne serienmäßige Servounterstützung geschenkt bekommen. Nur beim Benz konnte man die Servolenkung ja wenigstens als Sonderausstattung bestellen. Dies haben bei Mercedes, aus heutiger Sicht zum Glück, auch die meisten Kunden getan. Beim Ferrari „Mondial" und den meisten „348ern" hingegen gab es die aber weder als Serien-Lieferumfang noch als Sonderausstattung zu bestellen!

Ich fahre jetzt durch die Stadt, später dann erst auf die Landstraße und danach auch ein kurzes Stück Autobahn. Dabei unterhalten wir uns die ganze Zeit sehr angenehm. Ich erfahre, dass es in unserer Gegend gar nicht so unmöglich ist, ein solches Fahrzeug zu unterhalten. Schließlich gibt es in Hamburg eine freie Werkstatt, speziell für italienische Fahrzeuge, die ein ehemaliger Formel-1-Mechaniker von Ferrari betreibt. Dort gibt es zwar auch keine Ferrariteile zu Discountpreisen, aber alles in allem kann man auf diese Weise schon auch als Normalmensch mit so einem Boliden auskommen.

Ich bin trotzdem erst einmal nicht sonderlich begeistert von der Fahrt mit diesem Auto. Zu sehr erinnern mich die Schalter und die gesamte Verarbeitung im Inneren an Fahrzeuge des Hauses Fiat. Und die Schwergängigkeit beim Rangieren ist auch sehr gewöhnungsbedürftig.

Nur der Motor ist beim Hochdrehen sehr faszinierend und die Form des „Mondial" von „Pininfarina" einfach unbeschreiblich schön.

Wir fahren wieder nach Hause und eigentlich bin ich hier nach mit dem Ferrari-Abenteuer fertig... denke ich zu diesem Zeitpunkt...

Ich habe damals noch nicht begriffen, dass mich der Ferrari-Mythos doch schon voll erwischt hat.

Erst selten, dann immer öfter ertappe ich mich dabei, dass ich jetzt regelmäßig die Ferrari „Mondial" Angebote im Internet studiere.

Ich drucke mir diese Angebote auch aus und beobachte die Autos und deren Preisentwicklungen über fast ein Jahr. Es scheint gar nicht so schnell zu gehen, so ein Auto zu verkaufen. Anders als bei Porsche, stehen die meisten Ferrari häufig mehrere Monate zu dieser Zeit zum Verkauf.

Heute verstehe ich diese Situation. Denn eigentlich haben die Autos selbst keinerlei Nutzwert, aber sie sind halt wunderschön und wenn man den Platz und etwas Kleingeld übrig hat, sollte man sich den Traum unbedingt einmal erfüllen.
Ich habe dann doch für mich eher überraschend zugeschlagen.
Ein roter „Mondial Quattrovalvole" Baujahr 86 aus Spanien hat mein besonderes Interesse geweckt. Ich habe ihn nahezu über ein Jahr im Internet beobachtet. Zwischenzeitlich hat der Händler das Auto immer weiter optimiert und Geld investiert. Offenbar ist es ihm aber trotzdem nicht gelungen, es zwischenzeitlich zu verkaufen. Er bietet das Auto jetzt scheckheftgepflegt aus 2. Hand, mit gerade einmal 82.000 km und frischem TÜV an.

Ich muss kurz vor Weihnachten 2014 einen Termin in Münster beruflich wahrnehmen. Das Auto steht in der Nähe von Osnabrück. An dem Tag verschiebt sich mein Termin auch noch überraschend, sodass ich morgens zwei Stunden frei bekomme. Eigentlich eine gute Möglichkeit, doch einmal das Auto zumindest unverbindlich anzuschauen.

Auch wirklich nur Anschauen nehme ich mir vor. Ich rufe die Telefonnummer im Inserat an und mache einen Termin aus. Nach ein bisschen Suchen finde ich den Hof, wo der „Mondial" sich befindet. Der Händler erzählt mir, dass er eigentlich eher Porsche und klassische Mercedes handelt. Dieser Ferrari stammt also aus einem spanischen Paket diverser Nobelkarossen und ist einfach übriggeblieben.

In einer beheizten Halle steht er zum Verkauf. In echtem Ferrari-Rot und mit der wunderschönen cognacfarbenen Lederausstattung lächelt er mich förmlich an. Ich kann mich nicht sattsehen, und will ihn unbedingt haben. Obwohl der Händler gerade nicht an die Papiere und Belege des Mondial kommt, weil er diese an einen Freund zur Fahrzeugvermittlung ausgeliehen hat, bin ich von dem Auto restlos begeistert. Ich kaufe es nach kurzer Verhandlung mit der Versicherung des Verkäufers, mir die Papiere und Belege in Kürze per Mail zuzusenden.

Ich fahre schnell zur Bank und zahle dann 1000 Euro an, mit der Vereinbarung, das Auto noch bis Ende März dort trocken stehen lassen zu können. Ich habe dafür nämlich noch gar keinen Platz. Erst muss ich meine Garage ausräumen und für meine Motorräder zusätzlich noch einen Schuppen bauen, um sie umzulagern. Dazu habe ich im Winter weder Lust noch Zeit, und so muss der Ferrari noch warten.

Es gibt ein schönes Weihnachtsfest mit viel Vorfreude auf den Ferrari. Dann kommt auch schon Anfang Januar die versprochene Mail vom Verkäufer mit einigen Anhängen. Gespannt schau ich mir diese an und bin jedoch tief enttäuscht.

Ja, die Kopie eines Werkstattscheckheftes ist schon dabei, aber die Historie ist doch sehr fraglich. Und auch wenn das Auto bereits 28 Jahre alt ist, und vom Zustand her schon so ausschaut, als dass der Kilometerstand nicht getürkt zu sein scheint, bleiben Fragen offen. Das Serviceheft ist ziemlich lückenhaft. Die Vergangenheit des Autos liegt also weitgehend im Dunkeln und das ist für einen späteren Wiederverkauf erfahrungsgemäß schlecht. Außerdem ist das Gutachten des TÜV bereits fast zwei Jahre alt, da das Auto offenbar schon so lange zum Verkauf steht. Gut, in der Zeit hat der Händler auch einiges dran reparieren lassen, wie zum Beispiel die Kupplung, weil ein Möchtegernkäufer diese auf einer Probefahrt verheizt hat. Schön ist auch der gerade durchgeführte Zahnriemenwechsel, für den es aber auch keine Belege gibt, außer eine telefonischen Bestätigung der Werkstatt, bei der der Verkäufer diesen „schwarz" hat wechseln lassen...

Für mich ist das alles nicht so, wie ich es mir vorgestellt habe. Daher teile ich dem Verkäufer meine Bedenken mit und trete nach einigen Mailwechseln vom Kaufvertrag zurück.

Der Verkäufer versichert mir, dass er das verstehe und dass er meine Anzahlung umgehend zurückzahlen will.

Nur leider kommt ihm dann erst das Finanzamt dazwischen, welches ihn Anfang Januar angeblich ziemlich ausnimmt. Dann hat er Probleme mit seinem Auftraggeber, für den er ja die ganzen Autos ursprünglich importiert hat.

Ich sehe das alles jedoch ziemlich gelassen und bin sicher, das Geld schon irgendwie zurück zu bekommen. Denn der Händler hat ja schließlich auch einen Ruf zu verlieren.
So haben wir während der nächsten Wochen, in denen ich auf das Geld warte, immer wieder losen Kontakt und ich schaue parallel nach einem besseren Ferrari Angebot. Das ich einen haben will, steht jedenfalls für mich fest. Es ist jetzt Ende Februar 2015.

Zuerst sind plötzlich die bezahlbaren „348er" vom Markt verschwunden und dann steigen auch die Preise, anders als im Frühjahr des letzten Jahres, für die „Mondial" merklich an. Ich stelle fest, dass es nun zu dem von mir stornierten Vertrag gar keine vernünftige Alternative auf dem Markt in ganz Europa und darüber hinaus mehr gibt! Mit lückenloser Historie oder überhaupt einem Scheckheft kann keiner der „Mondials", die jetzt zum halbwegs annehmbaren Preis angeboten werden, mehr aufwarten.
Dafür haben aber all diese Autos schon direkt im Angebot aufgeführte Macken oder einen erheblichen Wartungsstau.
Und dabei ist der Zahnriemenwechsel bei diesen Autos meist noch die kleinste, aber auch schon teure, sofort anstehende Reparatur.

Mein eigentlich gekauftes Exemplar hat aber ja gerade vor einigen Monaten bereits einen neuen Riemen und eine neue Kupplung erhalten, kann daher also erst einmal problemlos gleich gefahren werden. Das sind ja an sich schon Argumente, die doch für das Auto sprechen. Ich grübele und grübele und komme immer wieder zu der Einsicht, dass der Kauf zu dem Preis vielleicht doch nicht so schlecht ist, wie ich zwischenzeitlich dachte. Er ist mit Abstand die beste Alternative, die es zurzeit als Preisleistungsverhältnis in ganz Europa gibt!

Ich gebe mir einen Ruck und rufe den Verkäufer Anfang März wieder an. Ich habe genaue Vorstellungen, wie ich mit ihm noch einmal den Preis nachverhandeln will, um dann doch den Kauf abzuschließen. Das Gespräch läuft einfacher als ich erwarte. Da er ja das schlechte Gewissen hat, wegen der noch nicht zurückgezahlten Anzahlung, sagt er gleich, er würde den Ferrari jetzt an den nächstbesten Käufer auch für weniger Geld veräußern. Einfach nur los sein wolle er ihn endlich...

Ich antworte ihm: „Wie wäre es denn, wenn ich dieser Käufer wäre? Nur eben nicht zum ursprünglich vereinbarten Preis, sondern noch einige 1000 Euro günstiger...“

Er hat nichts dagegen, obwohl der ursprüngliche Preis schon OK ist. Ich mache ihm den Vorschlag, entweder glatte 3000 Euro nachzulassen oder aber bei einer Preisreduzierung von 2000 Euro nochmal eine ganz frische TÜV Abnahme und die Zulassungskosten zu übernehmen.

So läuft der Deal dann tatsächlich ab und ich baue ganz schnell am nächsten Wochenende endlich einen Schuppen für meine Motorräder und räume auch gleich die Garage komplett aus. Dann hole ich den Ferrari Ende März endlich in Rheine ab.

Die erste nette Episode erlebe ich gleich an der benachbarten Tankstelle, die ich nach der blinkenden Tankuhr dringend aufsuchen muss. Nachdem ich es geschafft habe, den Tankdeckel zu öffnen, bin ich gespannt, was denn nun in diesen ganz leeren Tank, bei dem doch als eher trinkfest bekannten Ferrari passen wird. Ich bin mehr als überrascht, als die Tanksäule schon bei gut 30 Litern abschaltet. Ich probiere es nochmal von Hand, aber der Tank ist tatsächlich voll.

Es gibt dafür ja nur zwei Erklärungen: Entweder hat der Ferrari tatsächlich nur einen 30 Liter Tank wie ein Smart. Das ist aber sehr unwahrscheinlich. Also zeigt die Tankuhr nicht richtig an und der Tank ist bei der Anzeige-Reserve noch mindestens halb voll. Wie ich später bei dem Zwillingsauto in der Fahrschule erfahre, zeigt die Tankuhr an diesem Exemplar genau dasselbe an wie bei meinem, wenn es vollgetankt ist. Also eine typische Macke, die ich aber eher mit Humor trage. Ist doch ganz lustig, eine so große Tankreserve zu haben und da ich mit dem Auto ohnehin nur ein paar Hundert Kilometer im Jahr fahre, spielt das mit der Anzeige auch keine Rolle. Was sich jedoch auch schon bei der Überführungsfahrt noch herausstellt, ist weniger schön.

Der Gaszug klemmt, je wärmer der Ferrari wird. Auf der Autobahn ist das kein Problem, aber in der Stadt nervt das total. Ich mache also schon sehr bald einen Termin in der freien Werkstatt des ehemaligen Ferrari Formel-1-Team-Mechanikers aus. Leider bleibe ich auf dem Weg genau dahin dann auch noch mitten in Hamburg liegen, weil sich der Gaszug nun ganz verklemmt hat und das Auto nur noch im Standgas läuft. Es ist wirklich lustig, mit einem roten Ferrari an einer belebten Straßenkreuzung mit Warnblinkanlage auf dem Fußweg zu stehen. Die Blicke, die man erntet, sind zwischen zaghaftem Weggucken und interessiertem, langen Halsrecken einzuordnen. Ich hätte eigentlich erwartet, dass es auch mal Schadenfreude oder Häme zu ernten gibt. Ist aber nicht meine Erfahrung gewesen, sondern ein Ferrari steht offenbar über solchen Dingen, die man z.B. mit einem großen Mercedes oder Porsche in so einem Fall garantiert zu spüren bekommt.

Eigentlich muss ich da ja auch gar nicht stehen, wenn ich bloß einen Schraubendreher mitgenommen hätte, um das Standgas hochdrehen zu können. Habe ich aber nicht und so rufe ich erst einmal meine Frau an, die einen Abschlepper organisiert.
Als beide endlich ankommen, muss ich noch den Abschlepphaken raussuchen. Und was finde ich dabei unter der vorderen Haube?
Natürlich das komplette originale Ferrari-Bordwerkzeug an Lederriemen befestigt und mit wunderschönen Schraubendrehern mit Wurzelholzgriffen.

Das hätte ich mir eigentlich denken können, dass dieses doch recht gepflegte Auto auch hier komplett ist. Nun drehe ich das Standgas einfach damit auf 3000 U/min hoch und kann den „Mondial" so doch ohne Probleme in die nahe Werkstatt auf eigener Achse fahren.

Dort bleibt der Ferrari dann auch erst einmal für die nächsten drei Wochen!! Das dauert einfach deshalb solange, weil die Beschaffung eines „Orginalseilzuges" so lange dauert.

Wie ich erst jetzt im Internet lese, ist das leider kein Einzelfall, sondern eine typische „Schwachstelle" an dem Auto. Die lange Lieferzeit sei bei Ferrari auch normal.

Das ist mir aber eine Lehre. Ich denke, dass ich das nächste Mal eher einen Seilzug von meinem Wald- und Wiesenschrauber herstellen und viel schneller, und für einen Bruchteil der hier angefallenen Kosten, einbauen lasse.

Danach macht das Auto richtig Spaß beim Fahren und ich bewege es so ungefähr alle 14 Tage, um zu einer Eisdiele zu fahren oder einfach mal so über Land. Wenn der „V8" richtig warm ist, man ihn über die Landstraße zügig fährt und dann auch bei Drehzahl hält, kommt das ganz breite Grinsen in das Gesicht des Fahrers und die Welt ist einfach wunderbar.

Weniger nett ist, dass man einen alten Ferrari offenbar nicht ohne Diebstahlprobleme einfach an der Straße abstellen kann. Schon bei der Überführungsfahrt habe ich da negative Erfahrungen gemacht.

Ich habe nur kurz bei Ikea, extra auf dem ganz oberen Parkdeck, weit weg von den anderen parkenden Autos gehalten, um einen kleinen Imbiss zu mir zu nehmen. Und schon hat in den paar Minuten ein nicht so netter Zeitgenosse versucht, das vordere Markenemblem mit einem Schraubendreher oder Ähnlichem abzuhebeln. Es ist ihm aber nicht gelungen, da Ferrari das teure Emblem - es kostet allein rund 650 Euro - ziemlich gut festgeschraubt hat. Trotzdem ziert nun eine Delle und abgeplatzter Lack an der Stelle die Haube, wo dieser „Fan" zuschlagen wollte.

Also lasse ich das Auto seitdem nur noch in verschlossenen Garagen stehen oder bin direkt in der Nähe des Parkplatzes, wo ich den „Mondial" in Sichtweite abstellen kann, um rechtzeitig bei zu großem Interesse der dauernd an dem Auto hängenden Passanten, einschreiten zu können.

Trotz dieser Nutzungseinschränkungen macht er einfach nur Spaß und natürlich zelebriere ich bald auch seine Unterbringung. Eigentlich würde ich ihn am liebsten in unserem Wohnzimmer parken. Das wäre prinzipiell sogar möglich mit nur einem kleinen Wanddurchbruch, aber meine Frau spricht sich vehement dagegen aus. Schade eigentlich, aber mit Frauen, noch dazu mit den eigenen, sollte man es sich nicht verscherzen.

Also überlege ich, wie ich den „Mondial" trotzdem auch vom Wohnzimmer aus sehen kann. An der Seite hat meine Garage eine Extraeingangstür. Die ist nur leider ohne Fenster.

Kein Problem für mich. Ich zerlege die Tür bis auf den reinen Rahmen, säge noch die Querstreben raus und baue dann aus einer Duschwand und den restlichen Brettern eine neue Tür mit einem großen Fenster. Leider sieht man trotzdem so vom Wohnzimmer aus von dem Auto nur den rechten Kotflügel.

Die Idee: Spiegel müssen zusätzlich her! Und das ganze natürlich möglichst kostengünstig, wie immer bei mir. Wieder einmal kommt mir der Zufall zu Hilfe: Als ich gerade auf dem Weg zum Baumarkt bin, um rote Farbe für die Deckenbalken in der Garage zu kaufen, sehe ich am Straßenrand zwei große Türen von einem Schwebetürenschrank mit Spiegeln liegen. Ich frage die Anwohner und die sagen mir, dass die Türen nur auf den Sperrmüll sollen. Flugs habe ich meinen kleinen Hänger geholt und die Türen verladen und verzurrt. Mit meinem Sohn baue ich dann an einem der nächsten Wochenenden den einen quer an die Wand auf die Höhe der Fahrerseite und den anderen davor schräg gestellt in die Ecke. An der Decke in der Garage installiere ich noch zwei Strahler, die über Funk funktionieren. Nun kann man aus dem Wohnzimmer das Licht in der Garage einschalten und über die auf der gegen-überliegenden Seite angebrachten Spiegel nahezu auch den ganzen Ferrari erkennen.

Ein toller Effekt, der immer wieder zur Überraschung bei Gästen führt.

Nachwort

Letztes Jahr ist dem „Mondial" das H-Kennzeichen verliehen worden. Auch wieder eine schöne Geschichte, wie ich dafür die ultraseltenen „Michelin TRX" Reifen, gebraucht und für kleines Geld besorgt habe. Für die Garage habe ich außerdem schöne Bodenfliesen gekauft und mit meinem Sohn gemeinsam verlegt. Alte Barhocker habe ich noch dazu gestellt und rot lackiert. Nun fehlt noch ein kleiner passender Bistro Stehtisch dann ist auch der „meeting-point" in der Garage perfekt!

Tja, und dann werde ich mit dem Ferrari nur noch auf der Piste unterwegs sein; bis...?

So, eigentlich ist mein Bericht an dieser Stelle erst einmal zu Ende, aber ich wäre ja nicht ich, wenn ich nicht doch schon wieder Autoideen hätte für die Zukunft... Ein „De Lorean" ist ja auch noch interessant oder doch ein schönes altes, integriertes Wohnmobil zur Abwechslung? Auch einen Lotus „Esprit" oder einen Morgan „Plus8" habe ich noch nicht gehabt und auch ein kleines „Ape"Dreirad von Piaggio ist doch etwas besonderes...

Da sind doch noch so viele interessante Fahrzeuge, die von mir entdeckt und erfahren werden wollen...

Es ist doch eigentlich auch völlig egal, was der Mensch für Träume hat. Und bei vielen Träumen bleibt dabei auch nur der Weg das Ziel. Wichtig ist aber, dass wir unsere Wünsche und Hoffnungen nicht verlieren und das Leben durch Leidenschaft und Liebe liebenswert machen.

Also geh ich bald wieder auf die Piste; mit was auch immer...

Und ich bin dabei immer noch gerne unterwegs...

Mit reichlich Benzin im Blut grüßt Sie

Ihr Fred Weidemann-Gust